達摩祖師

禪法東來

高僧小說系列｜精選

蔡友田　著◆劉建志　繪

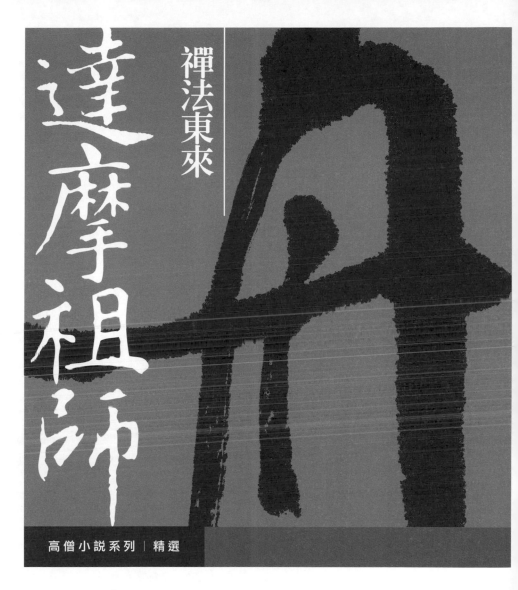

智慧與慈悲的分享

聖嚴法師

小說，是通過文學的筆觸，以說故事的方式，表現人性之美，所以稱為文藝作品。它可以是寫實的，也可以是虛構的，但它必定是與人心相應，才會獲得讀者的喜愛與共鳴。

高僧的傳記，是眞有其人、實有其事的眞實故事，也是通過文字的技巧，以敍述介紹的方式，將高僧的行誼，呈現在讀者的眼前，也是屬於文學類的作品，只是缺少小說那樣戲劇性的氣氛。

高僧的傳記，以現代人白話文體，加上小說的表現手法，那就顯得特別生動而富於趣味化了。我從小喜歡文學作品的原因，是佩服它有高度的說服力，並且能使讀者印象深刻，歷久不忘，並且認為高深的佛法，經過文學的表現，就能普及民間，深入民心，達成化世導俗的效果。我們發現諸多佛經的體裁，是用小品散文、長短篇小說，以及長短篇的詩偈寫成的。

近代已有人用白話文翻譯佛經，也有人以語體文重寫高僧傳記，但尚未有人以小說及童話的方式來重寫高僧傳記。故在《大藏經》中雖藏有極豐富的歷代高僧傳記資料，市面上卻很難見到。我們的法鼓文化事業股份有限公司，為了使得故典的原文很容易地被現代的讀者接受，尤其容易讓青少年們喜愛，而從高僧傳記之中，分享到他們的智慧及慈悲，所以經過兩年多的策畫運作，推出一套「高僧小說系列」的叢書，選出四十位高僧的傳記，邀請到當代老、中、青三代的兒童文學作家群，根據史傳資料，用他們的生花妙筆、豐富的感情、敏銳的想像，加上電影蒙太奇的剪接技巧，以現代小說的形式，生動活潑地呈現到讀者的面前。這使得歷史上的高僧群，都回到我們現代人的生活中來，陪伴著我們，給我們智慧，給我們安慰，給我們健康，給我們平安。

這套叢書的主要對象是青少年，但它是屬於一切人的，是超越於年齡層次的佛教讀物。

我要在此感謝參與這套叢書編寫出版的全體工作人員，包括編者、作者、畫家、審核者、校對者、發行者，由於他們的努力，才能有這項成果奉獻在廣大的讀者之前。也請諸方先進和所有的讀者，多給我們鼓勵和指教。

一九九五年四月八日晨
序於台北法鼓山農禪寺

推薦序

人生要通往哪裡？

蔡志忠

「只有死掉的魚，才隨波逐流！」

人生是件簡單的事，是我們自己把它弄得很複雜的。

魚從來都不思考：

「水是什麼？

水為何要流？

水為何不流？」

這些無謂的問題。

魚只有一個最簡單的問題：

「我要不要游？
如何游？
游到哪裡？
游到那裡做什麼？」
人常自陷於無明的憂鬱深淵，無法跳脫出來。
人也常走進一條沒有出口的道路，
才發現原來這根本不是自己的人生之道。
兩千五百年前，佛陀原本也自陷於
人生的痛苦深淵……，經過六年的
修行思考，佛陀終於覺悟出：
「什麼是苦？
苦形成的次第過程？
如何消滅苦？
通往無苦的解脫自在之道。」

這也就是苦生、苦滅，一切因緣生的「三法印」、「緣起法」、「四聖諦」、「八正道」，所有攸關於人產生煩惱痛苦的原因和達到解脫、自在、清淨境界、彼岸之道的修行方法。

佛陀在世時，傳法四十五年，佛滅度後，佛陀的思想由他的弟子們傳承到後世，成爲今天的佛教。在佛教的發展過程中，留下了許多動人的高僧故事。

除了《景德傳燈錄》記載著所有禪宗各支歷代高僧學佛得道的故事之外，《大藏經》五十卷的〈高僧傳〉、〈續高僧傳〉裡也記載很多歷代大師傳記典故；此外，還有印度、西藏、日本等地大師的故事。通過閱讀過去大德諸賢的故事，可以讓我們對人生的迷惘問題得到啓發。

胡適說：

「宗教要傳播得遠，

佛理要說得明白清楚，

都不能不靠白話來推廣。」

這套高僧小說也繼承這使命，以小說的方式講述高僧的故事。讓讀者能透過這些歷代高僧的故事，得以啓發人生大道。相信做爲一個中華民族的後代，身在儒、釋、道思想的傳統文化背景下，如能透過高僧小說多了解佛教思想，對自己未來人生之路的導引和思考，必定能獲得很大的益助。

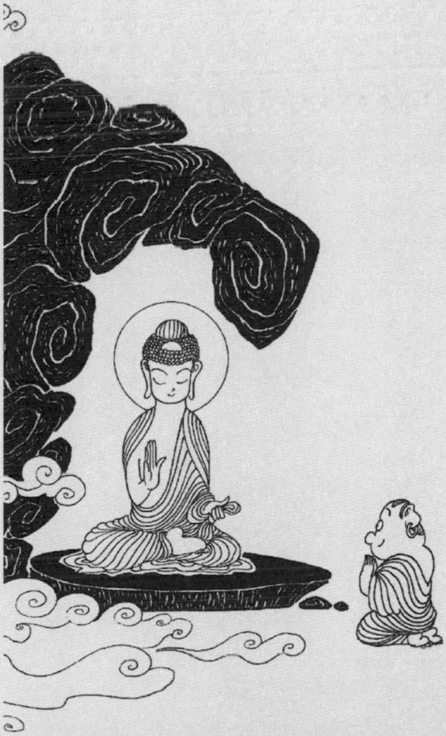

禪法東來第一人

達摩祖師大概是在中國佛教史上最為人所知的名字，大家都有可能在生活周遭看見達摩祖師的畫像，例如：一葦渡江、達摩面壁、隻履西歸等；達摩祖師同時也可能是最不被了解的一派祖師，但他所傳下來的禪法思想，卻深深影響著中國近千餘年來的民間思想。

達摩祖師的被誤解，並不是在他的思想，而是後代小說家的推波助瀾。在中國固有的武俠小說中，少林寺是一個非常重要的武學聖地，或許是因為少林寺的十三僧，曾經幫助唐太宗平亂建國，或者是因為少林寺興建初期重武的遺緒，這些都使得少林寺在大眾的心目中，除了是一個佛教的聖地外，還是一個武學聖地。而在建寺初期來到少林寺的達摩祖師的面壁行為，留給後代小說家十分有趣的聯想，因此「少林七十二絕技」及「少林武功的始祖」，這些封號就深深地烙印在眾多中國人的心目中。

寫作這本傳記時，就如同前人所面對的問題一樣：達摩祖師做為一位禪宗的祖師，又是一位從印度來的外國人，這些因素使得研究他的資料十分地欠缺或者偏頗，也使人不能清晰地認識達摩祖師的眞正面貌。因此，如何將達摩祖師這樣一本傳記寫好，而又不損及他的思想，便是考慮的重點。

在這本書中加入了一些大家原本就已經十分熟悉的佛學小故事，和許多作者虛構的情節，主要目的是增加閱讀的趣味性，也希望這些增加的枝節，不會太過於減損達摩祖師的眞實性。

這本書最重要的目的，是將已經存在許久，有關於達摩祖師的神話全部袪除，還原達摩祖師做爲一個人、甚至是一個異鄉人的觀點來看。或許這樣的寫法，會減損達摩祖師原本形象的神祕色彩，但卻是另一種眞實的反察。

達摩祖師生長的環境，無論是在他出生的印度，或者是他後來來到中國，都是處在國家分裂、百姓流離不安的社會中，而也正是在這樣的環境中，他的思想和行爲所呈現出來的風貌，更能夠讓人別有一番深思。

達摩祖師的思想歸納而言，最主要的就是「二入四行」。「二入」指的是「理入」及「行入」。「理入」是不用理論，也不用方法；也就是心不要有念頭，心應該是平靜不動的。而「行入」指的就是「壁觀四行」。

「壁觀四行」是：

一、報冤行：遇到不如意的事情時不要抱怨，因爲那是過去世所做的各式因緣所得果報。

二、隨緣行：遇到幸運、如意時也不用太過歡喜，因爲那也是過去世中自己的努力，以及現在眾多助緣而得來的成果。

三、無所求行：做任何事並非是爲了某種目的而做，工作只是工作，修行也只是修行。

四、稱法行：應該怎麼做就怎麼做，能夠做什麼就做什麼，千萬不可有主觀的意見去影響自己的作法。

除了這些可以整理出來的思想外，達摩祖師面壁九年的行爲也影響廣大的中國人，我們所學習到的不僅僅是消極出世的靜坐自省，也應該包含著積極的入世救民。而他所流傳下來的思想經過禪宗先期五祖的宣揚和身體力行，終於在中國這塊廣大浩瀚的土地上開花結果。

其實這樣的一篇序，就禪宗的說法而言，也是多餘且不需要的，因爲一切的想法和作爲，其實早就存在今生和今生之前。

佛學視窗

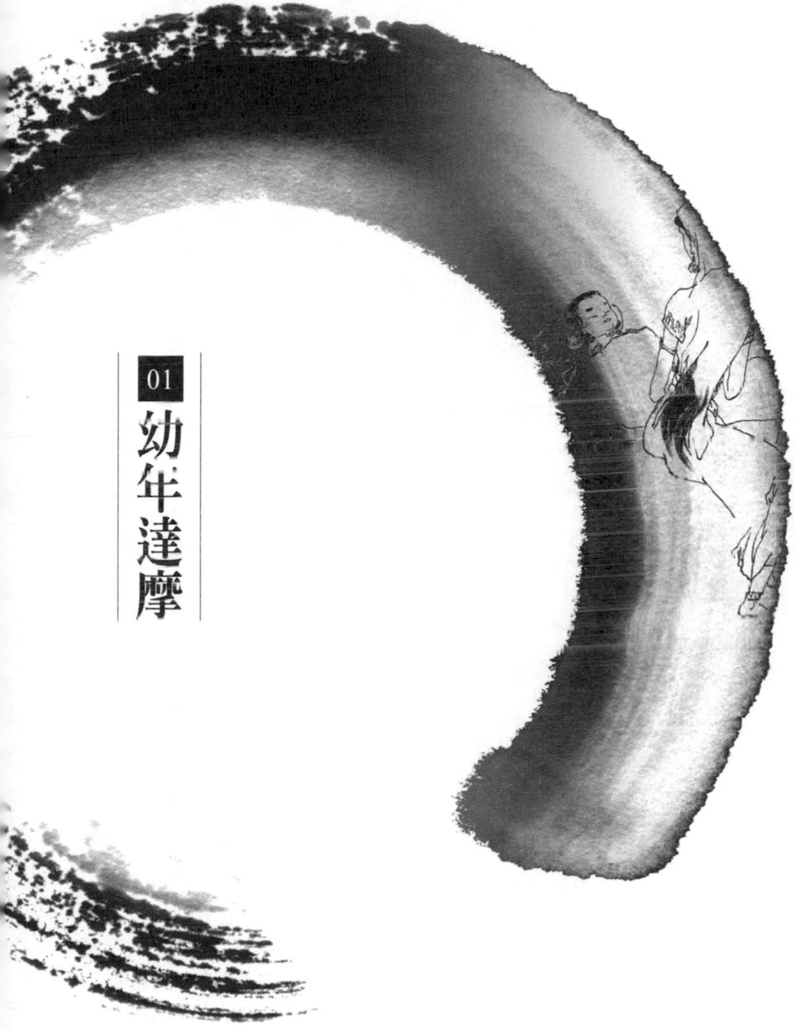

01 幼年達摩

夜深了，清爽的微風吹進寬廣的寢宮，微弱的燭火靜靜地燃燒著，照耀在床上一位嬌小幼兒的身體上。他晶亮透徹的眼神在熒熒的燈光下，正靈活地轉動，嘴上卻不停地嘀咕著：「媽媽爲什麼還不過來呢？她是不是忘記了今天要跟我講故事呢？」

突然之間，遠處傳來一陣衣裙窸窣的擺動聲，孩子連忙從被窩中爬起，高聲地喊著：「媽媽，今天要跟菩提多羅講什麼樣的故事呢？是不是要繼續講昨天佛陀❶的故事呢？」

孩子用他清脆童稚的嗓音愉悅地嚷著。一群跟在貴夫人身後的婢女和侍童都忍不住地笑了起來，而貴夫人也用絲綢做的袖巾抿嘴微笑著，走進寢宮。

「菩提多羅，今天我們要講一個『佛陀割肉餵鷹』的故事。不過菩提多羅要先跟媽媽說，菩提多羅今天有沒有做些不乖的事情呢？」貴夫人來到孩子的床前，優雅地屈身坐在床沿，撫摸著他紅潤的臉龐，輕聲細語地說著如茉莉般清香的話語，「菩提多羅今天是不是一個乖小孩呢？」

「沒有，菩提多羅今天沒有做錯事。菩提多羅今天是個乖孩子，是最乖巧

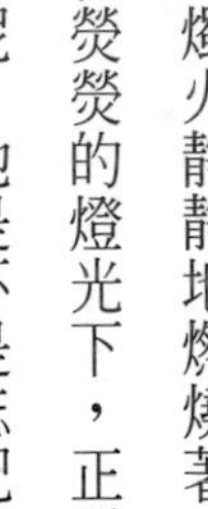

的孩子。」孩子以一種理直氣壯的口氣大聲地說著，這個舉動又引起眾多婢女和侍童不斷地笑著。

孩子不禁嘟囔著，鼓著像小鼓般大的腮幫，對著嘻笑的僕役們瞪了一眼，做出生氣的表情。然後又羞澀地躲回貴夫人的懷裡，對她撒嬌起來。

這時，貴夫人將孩子剛剛弄得零亂的絲被回復整齊，把孩子輕輕地安撫回床上，將絲被緊密地塞在孩子的身體周遭，然後就開始講故事了。

「故事是佛陀在菩提樹下悟道後發生的。有一天，佛陀隨性散步來到一處郊外，欣賞著眼前一片美麗、平靜的風光和景色，他的內心感受到一種安詳、和樂。

「突然之間，佛陀注意到在高空中，有一隻老鷹正盤旋俯衝而下，他順著老鷹的俯衝路線一看，看見一群由母鳥帶領的幼鳥群，正優閒地學習初次的飛行。

「所有的小鳥正學著如何像母鳥般，姿態優雅地在大空中翱翔，卻忘記母鳥以往的叮嚀：在飛行時，要注意四周可能的危險，因爲隨時會有威脅生命的猛禽出現。

「老鷹以迅雷不及掩耳的速度，撲向這群在空中飛翔的幼鳥時，在遠處觀望的母鳥雖然發現了由高空中俯衝而下的老鷹，可是已經來不及了，此時母鳥已無法及時通知所有的小鳥迴避老鷹的攻擊。

「在這個時候，佛陀的心中也感覺到母鳥的焦急和小鳥們的危險情況。就在這一瞬間，似乎所有的小鳥也感受到一股無名的恐怖，終於也看到了逐漸接近的老鷹。

「所有的小鳥在這個時候同時發出啁啾示警的叫聲。而老鷹似乎胸有成竹般地，早就選定一個最佳的目標進攻，那是小鳥群中最弱小的一隻。」

孩子聽到老鷹正要襲取小鳥的性命時，不禁將絲被緊緊地蓋住頭，在被子裡問著：「然後呢？老鷹有沒有抓住小鳥？母鳥怎麼了？佛陀又如何面對老鷹抓住小鳥的事情呢？」孩子不斷地發出急切的提問，似乎自己是即將被老鷹抓住的小鳥。

而原本圍繞在床四周的婢女和侍童，也被故事深深地吸引住，不由得緊緊

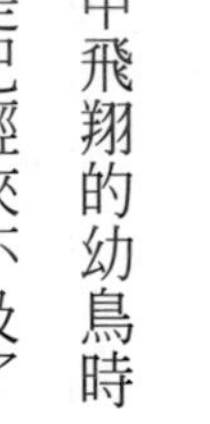

偎靠在貴夫人身旁。

貴夫人用手輕輕地安撫著孩子在絲被裡因不安而顫抖的身體，繼續說著故事：「在這個危險的時候，只看見母鳥拚命地衝向老鷹，這個突如其來的舉動，使得老鷹抓不到原本想要抓住的那隻小鳥。

「爲了救那隻小鳥，母鳥反而被老鷹抓住了，而小鳥群趁機安全地躲到茂密的樹林中了。」

孩子從絲被中探出一雙靈活的眼睛，眼神中爲小鳥的逃脫閃爍著興奮的光芒，但是不一會兒，卻又爲母鳥的被抓，呈現出一絲絲的難過。

「就在老鷹要將抓住的母鳥帶回巢中時，佛陀高聲地對著天空中的老鷹說話了。

「佛陀說：『老鷹啊！老鷹！你沒有看見嗎？你抓住的是一隻要撫養一群尚未能夠獨立生活小鳥的母親啊！難道說，你忍心要那群小鳥們，因爲母親被你抓走，而全部餓死嗎？』

「老鷹回答佛陀說：『佛陀啊！佛陀！你只是看到眼前，你難道不知道嗎？如果我因爲抓到一隻需要哺育幼鳥的母鳥，就將牠放走的話，那我在巢裡的幼鳥，就將因爲沒有食物而餓死呢！在這樣的情況下，佛陀，你說吧！我應不應該放掉這隻已經被我抓住的母鳥呢？』

「佛陀望著老鷹和鷹爪下的母鳥，一時之間，竟然無法反駁老鷹所說的話。

「最後，佛陀總算想到一個可以兩全其美的方法，他割下自己身上和母鳥同重量的肉給老鷹，然後用這些肉換取母鳥的生命。」

聽完故事後，孩子以一種仰慕的語氣說：「媽媽，我覺得佛陀好偉大喲！」

他溫順地躺在被窩裡，小臉對著充滿柔和表情的貴夫人。也就在這個時候，孩子靈活的眼神，逐漸抵擋不住睡意的來襲，翻過身體，沉沉進入睡夢之中。此時，貴夫人也掩住會發出聲音的配飾，悄悄地離開寢宮。頓時之間，寢宮中，只剩下暗淡的燭光，周遭的一切遂被深沉的靜寂所籠罩。

這個名叫菩提多羅的孩子，是南天竺國（今印度）國王香至王的第三個兒

子，姓帝利剎，後來成年時改名叫達摩多羅，也就是往後中國人所熟知的達摩祖師。

❖註釋❖

❶佛陀：西元前五百六十年，印度釋迦族王子捨棄王位出家，於菩提樹下開悟成佛，始創佛教，將所悟之佛法流傳下來。

02 歧路上的徘徊

香至王是位虔誠的佛教徒，不僅在處理國事上，事事都以佛法慈悲做爲治國的準繩，而且在自己的國度內實踐佛陀的教導，以慈悲心普遍地善待佛教徒，廣建佛寺、廣印佛典，激勵國人學習佛法思想。他慈悲的王后也時常布施❶米糧、衣物給貧困的人民，因而受到全體人民廣泛地愛戴，舉國上下都籠罩在一片祥和安樂的氣氛中。

菩提多羅的父母這些舉動，從小影響了他的想法和行事準則，日後也養成慈悲爲懷的佛心。

而小時候在睡前聆聽的佛法故事，深深影響著菩提多羅，使他喜歡閱讀所有找得到的佛典故事。一有機會，菩提多羅便向當地或遠遊而來掛單的僧眾們，請益故事中的佛法要義，並且從彼此的交談對話中，進一步領略到佛法的廣大無邊。

幼年時的菩提多羅就在這樣的環境下成長，生活得無憂無慮。

可是這樣的日子並不長久，不幸的一天終於來臨，菩提多羅的母后，因爲照顧患了感冒的二哥太過操勞，不小心染上肺炎。原本單純的病情，竟因疏於

調養而醫藥罔效，不幸往生❷。

從此，就再也沒有人可以在睡前給菩提多羅講故事，也沒有人會問他今天有沒有做錯事了。這件不幸的事情，深深地打擊著菩提多羅年幼的心靈。

行過成年禮後的菩提多羅，被他的父王賜名爲達摩多羅。這時候的他，已經不再是以往那個總是吵著要在睡前聽故事的小男孩。挺拔高挑的體魄，俊秀柔和的面貌，溫文儒雅的談吐，和善端莊的舉止以及廣博的學識，使得他早就成爲南天竺國內備受崇敬的對象。

達摩多羅虔心於佛法的追尋，他記得佛陀曾經在苦修林中度過修行的最初數年，因此他也離開宮中，找尋了一處位於香至國王城郊外的苦修林中，跟著已經在林中修行數十年的修行者學習靜坐。

在佛陀寂滅❸之後，各地修行佛法者，根據佛陀遺留下來的經籍各自修行，卻也逐漸地產生對佛法眞義的歧見，而有數種不同的見解。在這段修行期間，達摩多羅也發現了修行人彼此之間不僅對佛法有不同的詮釋，也以敵視的態度互相對待。

在苦修林中，達摩多羅曾經碰到許多人因爲對佛典看法的分歧，而引發彼此拳腳相向。也有人以對佛法看法是不是相同做爲區別，自行畫分修行的區域，彼此之間互不侵犯，互不往來。有些修行者，在知道達摩多羅的王子身分後，十分熱烈地歡迎他，但是在言談中，卻不時用心機去詆毀其他的修行者，希望達摩多羅成爲他們門派下的弟子，對於這些舉動，達摩多羅一概不予理會。

在苦修林中，達摩多羅碰到最特殊的修行者，大概是那群留著長髮、蓄著鬍鬚、很少潔淨身體的瑜伽派❹修行者。他們各自孤獨地坐在樹下，或者是空曠的地方，總是默不作聲地屈著身體，在做出十分高難度的身體扭曲動作後，就一動也不動地靜默著，似乎就這樣默默地承受著世間上的苦難。

達摩多羅非常好奇地想要了解他們舉止的動機，可是瑜伽派的修行者，卻彷彿不曾聽到他所說的話般，從來不曾回答過他的問題，這樣的舉動，卻引發達摩多羅更強烈的好奇心。於是，達摩多羅只得依樣畫葫蘆般地學習他們的動

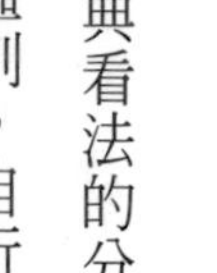

作，然後靜下心來，屏氣凝神地去體會瑜伽派對佛陀眞義的看法到底是什麼？

和瑜伽派修行者在一起時間愈久，達摩多羅似乎也逐漸能夠在心思狀態寧靜的情況下，模模糊糊地感受到以往從未曾體會過的清平。

有一天，達摩多羅突然感覺到，他的心湖彷彿平靜如鏡、堅毅如山、聳高似樹；他的心神似乎可以漫遊於軀體之外，自在地與自己或其他人神交；以前閱讀過的佛典，也更能清清楚楚地體會。這樣的經驗，使得達摩多羅又喜又驚。

於是，達摩多羅就更長久地留在苦修林中，每天隨著瑜伽派的修行者，變換著不同姿態，彎曲、扭擺身體，並從這些動作之中，不停地想要感受佛法無盡的奧祕。

有一天，香至王派遣了使者來找尋達摩多羅。使者告訴達摩多羅，香至王有十分重要的事情，想請達摩多羅回王宮一趟，並且希望使者們能平安且迅速地護送他回王宮。

原來禪宗的第二十七代祖師般若多羅尊者，正好來到了南天竺國。香至王很早以前，就曾經聽說過般若多羅尊者的名聲，知道他是一位對佛法相當有研究的一派宗師。

既然般若多羅尊者來到了南天竺國，香至王當然不肯錯過這次難得的機會，當面聆聽般若多羅尊者對佛法的精闢論點。香至王知道三兒子達摩多羅受到母親的影響，自小對佛法的認識就比其他人深，對於得道的法師也充滿無限的尊崇，因此希望達摩多羅能在般若多羅尊者到訪期間，陪伴在身旁。在這段時間內，香至王也能夠順便聽取達摩多羅的意見，使自己對佛法能有更深的認識。

使者將香至王的詔書，傳達給達摩多羅之後，達摩多羅想也不想，便愉悅地起身返回都城。在苦修林之中，他一直深以爲憾的一件事，就是從未見過一位佛教的弟子，因此他對佛教的看法也感到神祕而莫測高深。

在回都城的路上，達摩多羅的腦海中，不斷回想著佛典上所記載而流傳的佛教故事。

❖註釋❖

❶布施：用自己的財物、體力和智慧等去幫助別人，能累積功德，破除個人的吝嗇和貪心。

❷往生：佛教稱死亡為往生，相信生命結束後，會轉往十方世界投生。

❸寂滅：又稱圓寂，指生命圓滿地結束，歸於寂靜。引申為對出家人逝世的敬稱。

❹瑜伽派：印度六派哲學之一。主張透過持戒、控制呼吸、身體姿勢、禪定等的實踐，而達神我與自性結合的解脫境。

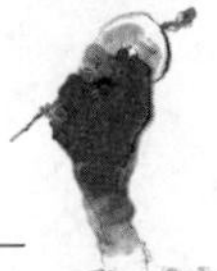

03 禪宗的故事

佛陀於摩揭陀國王舍城說法，當時皈依❶他的人很多。其中迦葉尊者原本是城外婆羅門❷的兒子，因爲他的母親是在畢鉢羅樹下生下他，因此名字就叫作畢鉢羅耶那。畢鉢羅樹也就是菩提樹，由此已隱約可見尊者與佛法的殊勝因緣。

迦葉尊者未出家之前曾經娶妻，後來夫妻倆立志共同出家，於是就約定各自外出尋訪名師，然後再決定要皈依在哪位師父門下。過了好些年的尋師生活，迦葉尊者始終無法找到可以讓自己信服的老師，只好又回到王舍城，剛好遇到佛陀在此說法，於是他就前往說法的地方。

迦葉尊者步行來到佛陀說法的地方，看見在菩提樹下端坐著一位身披袈裟❸的青年，四周圍滿了寂靜且專心聆聽的男女老少。於是，迦葉尊者也就盡可能地靠近，盤膝而坐。

迦葉尊者仔細聆聽佛陀說法，在聽完之後，他迫不及待地來到佛陀面前，稱讚說：「您尊貴的身影，有如黃金般熠熠懾人，而內心所激盪的智慧更是無邊無盡，超越世間的一切。我以無比歡喜的心恭敬合掌，祈求您當我的老師，

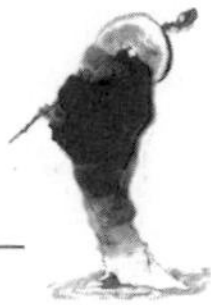

像一盞明燈般照耀我生命中的黑暗處。」

從此迦葉尊者就跟著佛陀修行，每天和到王舍城的信徒一同聆聽佛陀說法。到了第八天的時候，迦葉尊者突然就大徹大悟、一片清明，佛陀高興地分了半個座位給迦葉尊者，迦葉尊者也伏首稱謝，由此可知迦葉尊者領悟佛法的境界。爾後，迦葉尊者不但將自己的妻子也引進佛陀門下，更隨著佛陀四處傳法。

有次佛陀率領眾弟子來到靈山，準備在此宣說佛法。那次的法會不僅聚集了許多扶老攜幼的百姓，更吸引了梵大[4]眾神，數目達到百萬以上。梵王知道佛陀會來靈山說法，早就準備好一朵金色的婆羅花要奉獻給佛陀。

等到佛陀坐上說法台時，梵王從天而降，高聲地說：「佛陀，我這裡有一朵珍貴的金色婆羅花要奉獻給您；而且我願意用我的身體做爲您的法座，虔心地請您舒適地爲我們傳揚佛法。」

梵王恭敬地將金色婆羅花獻在佛陀的面前，更蜷縮著巨大的身軀，成爲一張舒適的座椅。而佛陀僅誠心地將金色婆羅花拈起，面容慈祥地對梵王說：

「金色的婆羅花是你的一片心意，我就收下，但捨身爲座就不用了。」於是梵王垂首退下，誠敬地準備聆聽佛陀說法。

這時候，人、天萬眾皆寂靜地準備接受佛陀的甘露法語。而佛陀卻輕拈著梵王奉獻的金色婆羅花，對著百萬人、天眾久久不語。時間一分一秒地過去，佛陀還是沒有任何開示，大家對著拈花示眾，卻不言不語的佛陀，無不感到十分惘然，各自面面相覷不明所以。就在這個百萬人、天眾無言以對的時候，只見迦葉尊者沉穩地來到了佛陀的座前，對著拈花示眾的佛陀破顏微笑。

佛陀高興地對著人、天眾宣說：「我有正眼法藏❺，涅槃妙心❻，實相無相，這些我都交代給了迦葉尊者。」迦葉尊者微微地點頭，表示接受了佛陀的心法。

後來佛陀在阿闍世王即位的第八年入滅，臨逝世前，他囑咐身旁的弟子：「我的一生都在努力想要使佛法能夠盛行，可是我卻無法親眼看見了。在我死後，你們仍要宣揚我的思想和作法，不要讓我的思想斷絕。」

迦葉尊者回答佛陀說：「請您就不用擔心，我們一定會盡心盡力地宣揚您

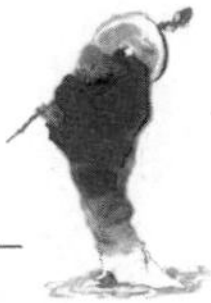

的思想，使得後代的人們，都能夠因爲您的思想而受到助益。」

在佛陀涅槃後，迦葉尊者用金棺替佛陀荼毘❼，並且主持分贈八王❽舍利❾，建塔供奉。隨後邀集學德卓越的五百位佛弟子，於王舍城的毘婆羅山上的七葉窟，結集佛陀遺教，迦葉尊者被公推主持。

這是禪宗「微妙法門，以心傳心，不立文字，教外別傳」的開始，而迦葉尊者也就成爲禪宗在印度的第一代法祖。

＊　＊　＊

禪宗在印度的第二位祖師是阿難尊者。

阿難尊者是佛陀的堂弟，他的父親白飯王是佛陀父親淨飯王的弟弟。傳說阿難尊者是在佛陀得道之夜誕生的，所以他的父母將他的名字取作阿難，有慶賀佛陀得道的意思。

阿難尊者生性溫和、風采閑雅，很能代表佛陀慈悲的一面；另外，阿難尊者博學強記，在佛陀說法時，常常能夠有所領悟，前後貫通，佛陀稱讚他爲多聞第一。

佛陀入滅後，迦葉尊者繼承法統，繼續傳揚佛法。有一天，阿難問迦葉尊者：「師兄，佛陀除了授予金襴衣[10]之外，還有沒有傳授其他東西呢？」

聽到阿難如此發問，迦葉尊者回答說：「阿難！」

「是。」阿難想到師兄要回答他內心的疑問，於是飛快地回應。

迦葉尊者看到阿難露出一副渴望的表情，也很快地回答說：「現在立刻站到門前去，像根竹竿那樣挺立著！」

阿難聽到迦葉尊者如是說，直覺地提步向前，然而走了沒幾步路，內心卻彷彿被一根線所牽動，頓時間引發了不可思議的徹悟。也因此，阿難雖然和迦葉尊者爲同門師兄弟，但是卻由於迦葉尊者的棒喝才大徹大悟的，所以他成爲禪宗在印度的第二代祖師。

＊ ＊ ＊

禪宗在印度的第三代祖師是商那和修尊者。

商那和修是王舍城的一位富家子弟，在他未皈依佛陀之前，是往來海上求取奇珍異寶、貿易經商的商人。後來受了阿難尊者的感化，在阿難尊者的門下，嚴守戒律地修行。

有一次，商那和修問阿難尊者：「我在修習佛法時，曾聽人說，萬法都是從自性⓫中來，但是『自性』無法自生自滅，那到底什麼才是萬法的本性？」商那和修十分虔誠地問著。

阿難尊者席坐在商那和修的面前，指了指商那和修所穿袈裟的衣角，只是微笑著，一句話也沒有說。

商那和修以爲自己問錯了問題，怎麼可以懷疑萬法本性呢？於是改變問題，接著又問阿難尊者：「那什麼是諸佛菩提的本性呢？」

阿難尊者還是一句話也沒有說，但臉上的笑容更加燦爛，又再次指著商那和修的袈裟衣角。

隨著阿難尊者的笑容，商那和修一臉疑惑的表情逐漸化解，他的內心也轉

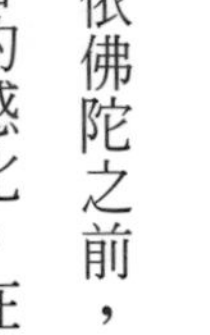

爲清明。就在那一刻，商那和修豁然大悟，從此通曉佛法本法，開正法眼，並傳接了禪宗在印度第三代祖師的位子。

＊　＊　＊

禪宗在印度第四代祖師是優波毱多尊者。

優波毱多生於吒利國，原本是一個賣香的小商人，後來因爲接觸佛法日深，十七歲時在摩突羅遇見商那和修尊者，就皈依了佛門，侍奉商那和修尊者。

據說，當商那和修尊者和優波毱多在摩突羅相見的時候，曾經有下面的對話。

「你今年幾歲呢？」商那和修尊者問優波毱多說。

優波毱多見是一位老者問自己問題，於是畢恭畢敬地回答：「我今年十七歲了。」

商那和修尊者又問說：「那你是身體十七歲呢？還是自性十七歲呢？」

優波毱多聽到商那和修尊者這樣問自己有關佛法的問題，心裡仔細地想了一想，便對著滿頭斑斑白髮的商那和修尊者反問道：「師父，那您是頭髮白呢？還是心白？」

商那和修尊者聽到這個問題，很快地回答：「我只是頭髮白而已，心裡並沒有白喔！還是很年輕的。」

於是優波毱多就順著商那和修尊者的回答，說：「那我也只是身體十七歲而已，自性並不是十七歲。」

商那和修尊者聽了優波毱多的回答，禁不住哈哈大笑。優波毱多看著白髮老者的笑容，內心也不禁浮出喜悅的感覺。

三年後，也就是優波毱多二十歲時，有一次和商那和修尊者在一起，商那和修尊者突然問優波毱多說：「你十七歲時，隨著我出家皈依佛法，那時的你是身體出家呢？還是心出家呢？」

優波毱多恭敬地回答說：「弟子實在是身體出家。」

商那和修尊者頻頻地搖頭，對著優波毱多說：「身體和心是事物的一體兩面，是不可能分開的。佛陀所傳授下來的諸種玄妙佛法，其實就是如何將身心擺脫的法理。學習佛法的眞義，最主要的就是切勿將自己拘束於身心。」

優波毱多領受了商那和修尊者的開示，內心瞬時了悟，承繼了禪宗無一物的法理，並成爲禪宗在印度的第四代祖師。

❖ 註釋 ❖

❶皈依：回轉、依靠佛、法、僧三寶，是成為佛教徒的一種儀式。

❷婆羅門：印度社會種姓制度中的最上層。

❸袈裟：出家人的法衣。

❹梵天：又稱梵王、大梵天王，為婆羅門教的創造神，佛教中視為護法神。

❺正眼法藏：佛內心的悟境，又稱清淨法眼，指以智慧之眼看透一切真理。

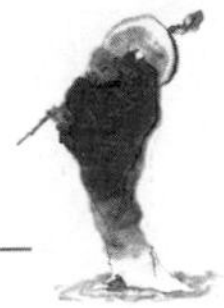

❻涅槃妙心：佛心的本性，指佛所說無上的正法。

❼荼毘：即火葬，源自印度，後流傳於亞洲各地，成為出家人往生後，處理遺體的主要方式。

❽八王：佛陀時代印度地區八個主要國家的君王。

❾舍利：佛陀及歷代高僧大德的遺骨。

❿金襴衣：金絲線縫製的袈裟，是印度佛教傳承的精神象徵。

⓫自性：一切事、物、現象的本質，不會隨著因緣的生滅而有所改變，是恆常真實的。

04

般若多羅尊者

使者牽著一隻大象，上面掛有華麗裝飾品，和遮蔭的竹編藤籃。騎在大象上的達摩多羅，不禁想起禪宗一向用「以心傳心，不立文字，直指人心，見性成佛」爲悟道的標準。這個跟自己在修習瑜伽派時的那種領悟，不知道是否相似？如果是一樣的話，自己放棄數天的修習回都城，是否浪費了呢？

就在自思自想的過程中，他們一行人逐漸接近都城。達摩多羅想著自己已經有好長一段時間未曾和父王見面，不知道父王的虛咳是否好些？兩位兄長是否康健？達摩多羅不清楚爲什麼自己會有這種近鄉情怯的感覺？

達摩多羅進入了南天竺國都，只看見街道上已經灑掃乾乾淨淨，原本衣著稍嫌凌亂不整的居民，也彷彿要過節般地穿上最好的一套衣裳，每個人的臉上都洋溢著喜悅的笑容，聚集在街道兩旁迎接般若多羅尊者的來臨。

來到王宮周遭附近，就看見香至王已經擺設好香案等待著。香至王看見達摩多羅奉他的詔書回到宮中，掩不住高興的心情，急急忙忙地來到大象的旁邊，想要牽引達摩多羅的雙手。達摩多羅也順著大象的軀體迅速地滑下，來到父王的身邊。

「父王，對不起，許久未能承歡膝下，讓父王爲孩兒擔心受怕，現在孩兒回來了。」達摩多羅屈膝跪在香至王的面前。

「沒關係！沒關係！平安就好。」香至王的眼睛泛著淚，看著離家多年的小兒子。達摩多羅原本圓嫩豐潤的雙頰，現在居然消瘦扁塌成兩窟凹洞；原本裝飾繁複的王服，也摩擦成骯髒的碎布條；許久未曾洗浴的身軀，這個時候也逐漸散發出陣陣惡臭；一頭糾結凌亂的捲髮、滿臉滋生的鬍鬚，在臉龐上恣意地盤據著。香至王不免詫異小兒子過去的遭遇，心想出門前所攜帶的各種寶物及金錢，是不是遇到劫匪被搶走了？或者又布施給貧窮的難民？

「先回宮裡洗浴一番，晚上父王準備了素席，招待般若多羅尊者時，再介紹給你認識，般若多羅尊者還準備在席前說法呢！」香至王以無奈的聲音對達摩多羅說著。

達摩多羅遵照父王的指示，先回到宮裡。而香至王望著他的背影離去，也不禁搖起頭來，這個孩子自從他母親去世之後，就不知道他究竟在想些什麼了。

一位侍童正用葫蘆瓜曬乾後做成的水瓢，舀起滾燙的熱水，一瓢瓢地淋在達摩多羅的身上。而另一位在浴盆旁服侍的侍童，則幫忙奮力地刷洗他的身體。達摩多羅心中感到無比地舒適，似乎表皮下的血管也逐漸活絡起來，他的心情也爲之開朗不少。

糾結的頭髮逐漸梳散，慢慢地又回復原本烏黑亮麗的顏色；黑黝且沾滿汗垢的皮膚，也在一番洗刷下，緩緩恢復細膩的膚色。可是，坐在浴盆中的達摩多羅，心中又有一絲絲的悔恨，這樣追求肉體的享受，似乎不符合瑜伽派的宗旨。

在侍童的幫忙下，達摩多羅穿上迎接重要貴賓的華麗服飾。在王公大臣的簇擁之下，他來到許久未曾到過的大殿。到達大殿上，達摩多羅看見父王正和一位矮小且白髮蒼蒼的法師興高采烈地談天，香至王不時低頭，表示內心虔誠地佩服。老法師的聲音低緩且細微，如果不是很靠近他的身旁，就不容易聽清楚他所講的話，因此達摩多羅並不知道他們兩人正在談論什麼樣的話題。

可是一看見老法師的面貌，達摩多羅不禁有些訝異，他居然只是一位面貌

如此平凡的老者，完全看不出是一位佛教大師的樣子。原本在路上對這次歸家意義的擔憂，又若隱若現地浮上心頭。而父王居然虔誠地跪伏聆聽他的話語，彷佛正聽聞著佛陀在靈山說法一般。

達摩多羅靜靜地來到香至王身邊，總算聽清楚老法師所談的主題，般若多羅尊者以低緩的聲音，說著佛陀割肉餵鷹的故事。達摩多羅內心爲之一動，心情彷佛又回到小時候的寢宮中，他的母后慈祥地跟他說著睡前的故事。

就在這個時候，達摩多羅似乎看見般若多羅尊者的視線正注視著他，眼神非常慈祥。

香至王察覺般若多羅尊者的話語有些遲緩，也就注意到一旁的達摩多羅，連忙對著般若多羅尊者介紹：「這是我第三個兒子，剛從城外的苦修林中專程趕回來，希望能夠接受尊者的教誨。」般若多羅尊者笑而不語，又繼續對著香至王講述佛陀的事蹟。

宴席結束後，香至王拿出許多珍貴供養老法師。

香至王對般若多羅尊者說：「尊者，這是我個人代表整個南天竺國，供養尊者的一點點心意，希望尊者能夠接受；同時，如果尊者有意在南天竺國國內駐錫、宣揚佛法的話，弟子也願意興建一座佛寺供養尊者，不知道尊者的意見如何？」

般若多羅尊者笑著回答香至王：「國王的心意實在是太貴重了，我就不客氣地收下。至於居留在貴國的事，暫時無法答應您。因爲我曾向佛陀發願，在有生之年，要完成至靈山瞻仰佛陀當初說法遺跡的心願。因此，只有等到此次旅行完成之後，我才能對國王的建議有所決定。這個不情的要求，還希望國王能夠諒解。」

香至王客氣地說：「尊者這個心願實在是偉大，既然如此也不能夠強求尊者。不過，希望尊者能夠多停留些時候，以便我國的國民能夠聆聽尊者更多的教誨。」

在香至王和般若多羅尊者對話的時候，眾多的僕役們迅速地撤走宴席所使用的餐具，並且馬上布置好一個可供般若多羅尊者講法的場所。香至王引領著般若多羅尊者來到說法台前，所有的文武百官、王公國戚，就坐在說法台下，

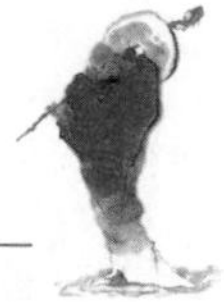

準備聆聽般若多羅尊者開示。

「今天承蒙南天竺國的國王和人民，如此盛大地招待我們師徒，實在是無限地感激。國王又虔誠地請我在此爲大家說法，眞是不甚惶恐。

「南天竺國是一個佛法十分昌盛的國度，一路上行來，人民對我們師徒的照顧、供養都十分地周到。首先藉著這個機會對國王和諸位道聲謝意，並且衷心地希望南天竺國國運昌隆、人民事事順心、佛光能夠永久普照。」般若多羅尊者以其一貫低緩的語調和低沉的聲音開始說著。

「又蒙國王賞賜如此多的珍寶，實在是無法表達內心中感激的心情。所以今天就來說說，世間上是否還有比這些奇珍異寶更珍貴的，也就是世間上還有什麼東西，能夠超越這些珠寶的呢？」

此時，香至王的大兒子月淨多羅，看見父王將他最喜愛的寶物——和闐國商人所運來販售的美玉，供養般若多羅尊者，貪婪的眼神緊緊盯著美玉，嫉妒和羨慕的心情表露無遺。

又聽到般若多羅尊者所提出的話題，不禁激動地回說：「尊者啊！這些珠

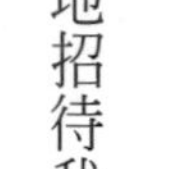

寶每一件都是價值連城的，就拿上面那塊白潤晶瑩的美玉來說，那是和闐國百年也難得一見的產品，得有優秀的師傅父以無比的耐心，細緻地修磨，才能發出如此柔和的光芒。

「我記得這件美玉是我先祖以超過十座城池的價格，才從一位商人的手中買回來的。我想這世上，再也沒有比這些珠寶更貴重的東西了，怎麼尊者您還懷疑會有比這些珠寶更珍貴的東西呢？」

香至王的第二個兒子功德多羅，聽到大哥說出自己的內心話，也馬上隨口附和地說：「是啊，尊者！再拿上面那串晶亮的珍珠來說，一顆珍珠就已經價值不菲了，更何況這一串數十顆的珍珠，是同樣大小且晶瑩剔透。

「我記得這是我母后的嫁妝，是我母后的先祖特地請人從遙遠的外國帶回來的珍寶，這件飾品也是我母后最喜愛的配飾。剛帶回來的時候，甚至有人願意以全部的家產來換取其中的一顆。所以，我實在想不出還有什麼比這滿桌珠寶更貴重的東西了。」

坐在兩位王子身後，絕大多數的王公國戚們，也紛紛表示了相同的意見。

香至王對於自己能夠如此慷慨的供養，並且引起眾人的欽羨，一股自滿的表情，也不由得顯露出來。

這個時候，達摩多羅畢恭畢敬地來到般若多羅尊者席前跪拜，轉身對著滿殿吵雜不休的人群說：「各位，這些擺在桌上的珠寶，我認為只不過是世俗的寶物罷了。這些寶物是因為稀少，所以才會被人珍藏；也因為稀少，所以才會顯現出無比的貴重。如果說到世俗的珍寶，以我的意見，我認為應該是我們每天所必須食用或飲用的食物和清水。這些東西如果缺少的話，我們就不可能存活在這個世上。

「因為在座的各位從來就不曾缺乏這些東西，所以才不會覺得食物和清水有什麼重要的。可是，有許多的老百姓們，此時卻無法滿足每日必需的食物，或者是必須辛辛苦苦從遠處取水，才能獲得每日所需的飲水。」

達摩多羅的這一番話尚未說完，馬上引起月淨多羅和功德多羅兩位兄長的反駁，許多王公國戚也紛紛表達他們的不滿。頓時之間，大殿上充斥著此起彼落、相互辯駁的吵雜聲。

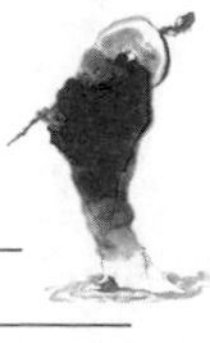

這時般若多羅尊者以其一貫低緩的聲音說：「各位，我相信達摩多羅王子還沒有講完他的意思，各位何不靜下心來，聽他講完他的意見呢？」達摩多羅訝異地發現，般若多羅尊者的聲音雖然低緩，卻有一股鎮定的力量，使得大殿上突然安靜下來，般若多羅尊者所要求的話似乎清清楚楚地傳入每個人的耳朵裡。

達摩多羅又再次轉身跪伏在般若多羅尊者面前，然後繼續說著：「或許大家並不贊同我對世俗珍寶的看法，但是，我認爲在這世上最重要的珍寶，應該是佛陀所留下的佛典，以及佛陀寂滅之後，各位法師所闡述的佛法要義，這些我認爲才是世上最珍貴的東西。因爲只有不斷修習，我們才不會淪落至轉生❶，也不致於輪迴❷爲禽獸、阿修羅、餓鬼等，才能有機會解脫生死。」達摩多羅說完後，又轉身向般若多羅尊者頂禮，然後回到自己的坐席。

這個時候大殿上一片肅靜，達摩多羅的父王和兩位兄長，加上滿殿的王公國戚，看起來都是一臉茫然且手足無措的樣子。

般若多羅尊者這時卻說：「在這裡，必須向香至王和各位大臣們致歉，因

爲連日來的旅途奔波，我個人有些困乏。不知是否能夠先告退歇息，說法之事留待我的精神稍微回復之後再談？」

香至王連忙回道：「尊者既然身心困乏，就請尊者先行歇息。說法之事，當然可以等到尊者精神恢復時，再來細細討論。」

般若多羅尊者一離開，大殿上馬上就傳出許多抱怨、不滿的批評。有人認爲，般若多羅尊者只是一個沽名釣譽的比丘❸，仗著自己是佛教宗師的名譽，周遊各國；也有人說，他的修行是絕對比不上迦葉尊者，或者是阿難尊者；也有人稱讚達摩多羅，認爲他已將般若多羅尊者要講的大意都說出來，使得尊者不得不藉身體疲憊的理由逃避。這個時候，達摩多羅的兩位兄長則心中正盤算著：如何將自己喜愛的美玉或珍珠收爲己有？

般若多羅尊者在宴席上，因身體困乏而無法說法的事情，很快地傳遍了整個南天竺國，謠傳般若多羅尊者並不是一位得道的高僧。而達摩多羅關懷黎民生計的談話，也馬上傳入所有百姓的耳中，他們默默地向佛陀祈求，希望有一天達摩多羅能夠繼承王位，成爲他們的國王。

數日後，般若多羅尊者一行人，在香至王冷冷淡淡地招待下，離開了南天竺國的都城。而達摩多羅也告別父王，這次他婉拒以大象做爲代步工具，希望用一步一腳印的方式，返回苦修林繼續他的修行。

在回苦修林的途中，達摩多羅再度和般若多羅尊者相遇。在樹下休息用膳的時候，達摩多羅發現尊者一行人，並未攜帶香至王布施的奇珍異寶，於是他就問般若多羅尊者說：「尊者，我父王供養您的珠寶呢？怎麼不見你們的行囊之中有任何像是可以置放珠寶的袋子呢？」

「達摩多羅王子，這個就是您所不知道的事情了。我們師徒一行人，在旅行說法的時候，每日的所食所飲，都必須親自去向黎民百姓托缽。而如果有像您父王這樣發心的富家、貴族供養食物或珠寶的話，我們都會將珠寶轉賣，然後購買米糧賑濟給窮困的百姓。」一位坐在般若多羅尊者旁邊的比丘回答。

「原來是這樣。可是，尊者從來就不曾將這些事情說出來，一般的民眾怎麼會知道尊者有如此崇高的理念呢？」達摩多羅繼續問道。

「在現今的社會中，做事只求沽名釣譽的人太多了，肯默默行善的人反而

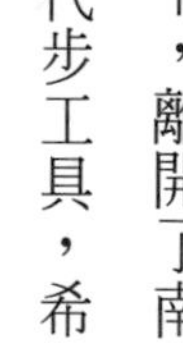

太少。尊者又何苦落入這樣的泥沼之中呢？不過，我倒是挺佩服王子您，出身王公貴族，居然還能夠體察出黎民百姓的需要，而且又如此地精通法典。」另外一位比丘回答。

「我也不太明瞭，爲什麼法性是最珍貴的？只是從小喜歡閱讀佛典，從中感受到自己和一般的人並沒有什麼差別，只不過是幸運地出身在王者之家罷了。」達摩多羅回答比丘的問題。

「達摩多羅王子，既然你精讀佛典，那你知道世間的萬事萬物中，有什麼物品是不具相貌的嗎？」般若多羅尊者聽到達摩多羅的回答後，從原本的靜默之中，突然開口問了一個問題。

「在這世間的樣樣事物，都是有相貌的，並沒有我們知道卻又說不出具體形象的東西。」達摩多羅迅速地回答。

「那麼在這世間的萬事萬物之中，什麼物品是最重要的？」般若多羅尊者繼續問著。

「在這個世間的所有物品，我認爲人我應該是最重要的。」聽到般若多羅尊者突然問起這般的問題，達摩多羅雖有些訝異，不過依舊是畢恭畢敬地回答。

這個時候，他已經確切地相信，這位尊者並不像是他在王宮中所聽到的，是那種只會沽名釣譽、不學無術的人。

「那麼在這世間的萬事萬物之中，什麼物品又是最廣大的呢？」般若多羅尊者毫不猶豫地繼續問著達摩多羅。

「在這世間的所有物品中，我認爲佛法能包容、含攝一切，是最廣大無邊的。」

達摩多羅在這一連串的問答之中，感受到以往所閱讀過的佛典，逐漸浮現出清明的面貌，所有的疑難不解也逐一澄清。一道耀眼的光亮，投射入心海之中，和佛法緊密地融合在一起。他彷佛看見佛陀在光芒之中，對著他微笑，就如同在靈山上，佛陀拈著梵王所送的金色婆羅花，對著自己微笑一般；而自己也如同迦葉尊者一般，對佛陀破顏微笑。

當下，達摩多羅馬上跪拜在般若多羅尊者的面前，尊者亦以親切的微笑面

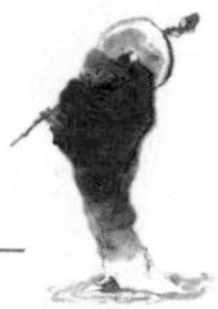

對他。從此，達摩多羅就成爲般若多羅尊者的座下弟子，後來更繼承了般若多羅尊者禪宗祖師的衣缽，成爲禪宗在印度的第二十八代祖師，被尊稱爲達摩多羅尊者。

達摩多羅曾經問過般若多羅尊者：「爲什麼現今的佛法如此分歧？是否有方法可以統一呢？」

般若多羅尊者回答：「現在境內各種佛法分歧的原因，主要是因爲有些派別執著於理論，有些派別過於注重苦行，有些又只是空談。當初佛陀在靈山說法時，就已經看出這樣的結果，因此才有迦葉尊者微笑悟佛陀眞義的故事。而消弭佛法觀點分歧的作法，就是廣爲宣揚佛法，自然就有佛法統一的一天了。」

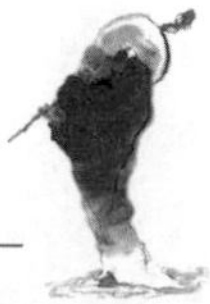

❖註釋❖

❶轉生：又稱輪迴或轉世輪迴。

❷輪迴：佛家有六道輪迴之說，謂眾生隨著習性、業力於地獄、畜生、餓鬼、人、天、阿修羅六道之中反覆重生。

❸比丘：受過具足戒的出家男眾。

05

周遊天竺弘法

達摩多羅繼承了禪宗的傳承之後，如同般若多羅尊者一樣，繼續在天竺境內四處周遊說法。

在這段周遊各國的過程中，一段難得的機緣，使達摩多羅尊者結識了跋陀三藏法師，而他，正是中國河南嵩山少林寺的開山祖師。

當時的跋陀三藏法師已經接受了東魏皇帝的邀請，將前往中國傳法。在法師臨走前的當晚，他們曾促膝長談，這段談話種下了達摩多羅尊者東渡中國的因緣。

「尊者，不知您對今日天竺中佛法不彰的情形有何看法？」跋陀三藏法師說。

「佛陀是爲了幫助眾生離苦得樂，才會來到這娑婆世界傳法。而現今社會正因佛法不彰，人心惶惶，才更需要我們的努力，來遍灑佛法甘露。我想，人心對佛法的需求，是永遠不會改變的。」達摩多羅尊者說。

跋陀三藏對達摩多羅尊者的弘願十分佩服，他說：「尊者的願心眞是感人，我這次會答應前往中國傳法也是爲了這個原因。您或許還不知道，中國人

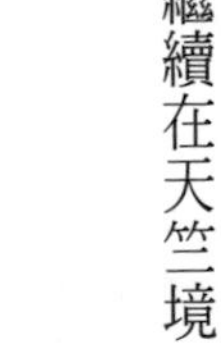

對佛法的渴望，比起我們是有過之而無不及。也許有一天尊者您也能考慮到中國傳法，使他們沐浴在暖暖的佛光中。」

達摩多羅尊者聽了只淺淺一笑。

「也許吧！但目前國內還有許多值得我們去努力的。」達摩多羅尊者淡淡地說。

正是！達摩多羅尊者首先要處理的就是一樁棘手的事件。

原來尊者門下一位弟子，因爲勸誡南天竺國國王停止種種排除佛教、驅逐佛教徒眾的政策，因而被逮捕下獄。聽到這樣的事，達摩多羅尊者猛然驚覺時光飛逝。從他跟隨般若多羅尊者之後，他爲法忘身，四處奔忙，從不爲自己想。不經意間，不但自己的父王香至王早已不在人間，連繼位的大哥月淨多羅也過世很久了。而現在的南天竺國的國王，人稱異見王，正是他的姪子。

異見王深深感受到，因爲佛教徒四處宣揚不殺生的慈悲理念，嚴重影響到南天竺國的國力，使得南天竺國時常遭受到鄰國的攻擊，因此採取了嚴格的排佛政策。

由於異見王是自己的姪子，所以達摩多羅尊者覺得自己有義務去規勸他廢止這項政策。於是就派了門下弟子波羅提，前往南天竺國去面見異見王。波羅提風塵僕僕地趕到了南天竺國的都城，他來到王宮之前，向宮門前的侍衛請求覲見異見王。

門前的侍衛原本是虔誠的佛教徒，看見是一位法師要求覲見國王，馬上好意地對波羅提說：「法師，如果您想要求國王供養的話，我可得好好地勸您，如今的南天竺國王，已不像以往一樣款待出家眾了。」

波羅提對侍衛說：「我不是要來求你們國王供養的。我的師尊聽說國王將許多不遵從王命、依舊信奉佛教的群眾逮捕下獄，命我前來規勸你們國王的。是否能夠麻煩你們通告一下？」

侍衛們聽說波羅提是來規勸異見王，不要採行禁信佛教的措施時，莫不更爲驚訝，又急急忙忙對著波羅提說：「法師，您難道不知道嗎？自從我們國王發布了禁信佛教的命令以來，就不知道有多少法師要求覲見、規勸我們國王。可是這麼久以來，所有規勸我們國王的法師中，若是我們國家的人民，馬上就

被逮捕下獄；若是其他國家的法師，馬上派人遣送出境，永遠不准再進入南天竺國的國境，如果再犯，就視同是南天竺國的人民，一樣得受到牢獄之災。」

波羅提對好心的侍衛們說：「你們不用擔心，憑著我對佛陀的信心，一定能夠使得你們國王回心轉意的。況且，我是一個外邦的國民，如果我不能夠說服你們國王，頂多也只是被驅逐出境罷了，不會連累到你們的。就麻煩你們通報一下，就說達摩多羅尊者門下的波羅提，想要覲見南天竺國國王！」

侍衛們聽到波羅提的決心，又心想他是禪宗弟子、外邦人，或許可以說服自己的國王。只要能夠說服異見王，自己也可以像以前一樣過著有信仰的生活，這未嘗不是一件功德，於是就連忙往宮裡回報波羅提的覲見。

異見王聽到又有一位不罷手的佛教法師來到，心中莫名地發出一把無名火。可是想到先前來規勸的眾多教眾都無法達成目標、說服自己，如果接見波羅提後馬上將他驅逐出境，不也是再次摧滅佛教徒的威風，達到他禁教的目的嗎？於是他傳下詔令，命波羅提在大殿上等候。

波羅提來到大殿上，卻不見異見王。原來異見王每次接見前來遊說的佛教眾時，都會拖延很長的一段時間，使得每個佛教眾等待得心浮氣躁，然後在接見的過程之中，無法平心靜氣地回答，也就無法達到想要說服國王的目的。這次異見王又重施故技，讓波羅提在大殿上獨自一人，且不設座位讓他站立著。等了一段時間之後，異見王才悄悄地來到大殿邊，偷偷地注意波羅提的狀況。可是，波羅提並不像往常的出家眾顯現出坐立不安的表情，依舊是一副從容且滿懷自信的模樣。

異見王原本想要再度偷溜回後宮，讓波羅提繼續等候下去。可是波羅提彷佛背後長了眼睛似的，頭也不回地對著空空曠曠的大殿說：「國王既然已經來到了大殿，爲何又要偷偷地溜走呢？」

於是異見王只得悻悻然地走到大殿上，動作粗暴地往王座上一坐，然後以一種輕蔑的語氣對波羅提說：「喂！你這個賊禿，來到南天竺國做什麼？你不知道我已經下過命令，不准人民供養出家人嗎？」

波羅提以一種不卑不亢的語調說：「這件事情早已傳遍整個天竺，我當然不是來要求國王供養的。這次前來，是要國王放棄既往的禁教措施，重新開放

南天竺國的佛教信仰，使得一般百姓能夠安居樂業。」

異見王笑著對波羅提說：「人家都說佛教徒是最避世的人，聽到你說出這樣的話，果然眞的是如此。你這個和尚難道不清楚，現在各國都在互相侵略，而我國就是因爲先祖先王太過迷信佛教，以致於成爲許多國家覬覦的目標。如果我不奮力保持國力，很快地南天竺國就會成爲歷史名詞。」

波羅提絲毫不被異見王偏執的言論所激怒，依舊以平和的語氣對異見王說：「聽說生長在貴族家的人永遠無法了解民間疾苦，國王您難道不知道嗎？從我告別師尊一路行來的路途上，看見許多人離鄉背井地逃難，原因都是上位者一意孤行，想要以侵略的手段達到個人的私欲，因此許多國家僅成爲國王一家而已。國王您仔細想想，一個沒有人民的國家，能說是一個國家嗎？」

其實異見王本身並不厭惡佛教，他自小就十分聰穎，尤其在父祖輩的諄諄教誨及耳濡目染下，對佛教也有深刻的了解。

只是前些時候，因爲有感於外邦的侵略舉動日趨嚴重，原本希望能夠號召年輕的志士爲國盡忠，卻引起朝中老臣的極力反對，一怒之下就採行了禁教的措施。

而他的獨斷獨行果然使得上一次的戰役取得空前的勝利，志得意滿之後，認爲需要採行更嚴格的禁教措施。現在聽到波羅提的話，心中突然覺得有些悔恨，可是在強烈的自尊心驅使之下，又想以佛法答辯來難倒波羅提。於是又以嚴厲的口吻問波羅提；「法師，那我問你，什麼是佛？」

波羅提感覺到異見王的態度逐漸軟化，便以更謙虛的口吻說：「人如果能看見內在心裡的本性，便能看見佛了。」

異見王又問：「法師，既然如此，您看得見您的內在本性嗎？」

波羅提見異見王被埋滅的本性逐漸清明，就以慈祥的口氣說：「我看見了本性。」

「請問『本性』如何能看見呢？」

「『本性』用肉眼是看不見的，只有在作用的時候才看得見。」

「是什麼作用呢？我現在怎麼看不見呢？」

「它現在就在作用了，國王怎麼會沒有注意到？」

「那麼我有沒有『本性』的作用呢？」

「國王若是用心觀察，『本性』的作用隨處可見；國王如果不用心，自然就注意不到。

「國王若想要注意到『本性』的作用，在日常生活之中就應該有八個地方可以注意到。」

此時異見王已經耐不住心中對佛法的強烈渴望，馬上追問說：「能不能請法師爲我說說是哪八個地方呢？」

波羅提滔滔不絕地說下去：「我們的軀體本來就是從作用而來，而活在這個世上和各式各樣的人相處，更是離不開本性的作用。眼睛爲什麼能看見東西？鼻子爲什麼能辨別味道？嘴巴爲什麼能說話？手臂爲什麼能抓舉？雙腳爲什麼能奔跑？這些也全都是本性的作用。

這種作用既廣大無垠，遍及一切現象，又能收攝於渺小微塵中，展現它獨特的奧妙。這些作用，知道的人稱它爲『佛性』，不知道的人則稱爲『精魂』。」

經過波羅提發人深省的開示後，小時候在祖父身旁，陪著祖父一字一句地學習佛典的情景，突然再現。祖父過世之後，父王也是如此對待自己，但父王只是嚴格地要求背誦，卻忽略掉經義的講解。

從小就被譽爲神童的異見王，向來無法得知佛法的眞正奧祕。這種經驗所造成的不愉快，在聽完波羅提的開示之後已經蕩然無存。突然間，佛典中的文字匯集成一股流水，像衝破魔障一般從腳底一直上湧至靈蓋骨。異見王體驗到前所未有的舒適，彷彿全身泅泳在浩瀚無垠的佛海中，完全掙脫了束縛。

從此以後，異見王不但改變了排斥佛教的觀念態度，更成爲虔誠的佛教徒。

06

達摩祖師東渡

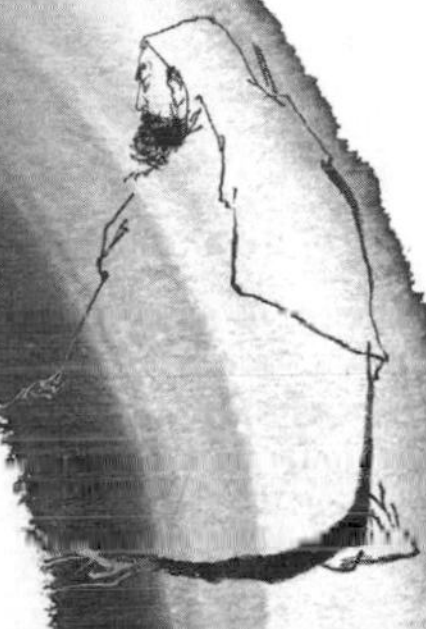

然而，整個天竺境內卻愈來愈亂了。種族間相互征討，戰爭頻繁，爲政者爲了私心利益，更是多方進行排佛禁教的種種措施，完全不顧百姓的需求。看到這樣的現象，達摩多羅尊者不禁對佛法的傳承心生憂慮。

＊ ＊ ＊

一天，達摩多羅尊者來到了海邊，看到一艘遠洋的三桅帆船正要啓程至中國。他想起了遠在中國弘法的跋陀三藏尊者，想到當時他們的一段談話，內心不禁一陣波濤洶湧。

在天竺可以看到愈來愈多的中國人遠渡重洋，跋山涉水，冒著九死一生前來取經求法，這些苦行僧總是讓達摩多羅尊者無比感動。於是他想，也許時候到了，何不隨順因緣，就乘著這艘船將珍貴的佛法傳到中國呢？

達摩多羅尊者以身上所有的金錢，換了一張乘至中國的船票。他望著漂蕩在廣闊大洋中的三桅帆船，心裡不免有些緊張，搭上駛往三桅帆船的小舢舨

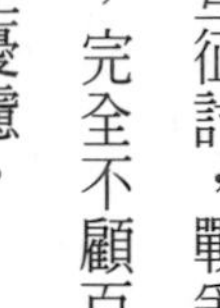

時，依舊無法平息這樣的感覺。他心裡想著，既然決定遠赴至中國開創禪宗的新局面，他，達摩多羅現在就改名爲達摩。

小舟上站著一位年少面淨的男孩，費盡力氣地划著兩支與他同高的木槳；而達摩的背後是一位年老的船夫，十分悠閒地搖晃著細長的寬舵，緩緩地指引著小舢舨划向三桅帆船。

達摩的脖子上戴著一串深黑色而黝亮的念珠，他閉目養神，清爽的海風帶著一股從未聞過的鹹濕氣味，竄入鼻孔。

那種不同於以往的感受，深深地震撼著達摩的心，此去中原神州的命運到底會如何呢？不由得嘴唇抿成細細的一縫，慈悲的笑容瞬時浮現在消瘦的臉頰上，溫和的陽光也暖暖地照射著。

達摩不禁張開雙眼，想體會這最後一絲故鄉的陽光；一張開眼，他的視線卻被眼前氣喘吁吁的男孩所吸引。

男孩用著吃奶的力氣，費勁兒地擺動著纖細的臂膀，與兩支粗大的木槳搏鬥，汗水不斷地從他的身體各處溢滲出來。男孩體力透支的疲憊神情，引起達摩的慈悲心，他突然伸出雙手，接過男孩手中的木槳，盡情地划了起來。

在老人和男孩的詫異聲中，達摩卻萬分愉悅地朝著大海中央划行而去。陽光燦爛地照射著大海，達摩的心情於平淡中，更有一種高昂壯闊來回激盪著！

遠遠望著如同小紙船的帆船隨著小舢舨的接近，逐漸顯現出它巨大的船身。當小舢舨靠近船側懸掛下垂的繩梯時，達摩聽見從高處傳來的人聲，又有兩條粗大的草繩垂下，男孩和老人俐落地將繩索綁在小舢舨的細端，然後引導著達摩沿著繩梯往船上爬。等他們爬上船舷時，就拉動那兩條草繩將小舢舨拉上帆船。

達摩初次踏上位在汪洋大海中的船隻，不禁被隨時搖晃的船身驚嚇到，但馬上就能克服住搖晃所帶來的那股噁心。遠處的陸地上原本高聳的樹木，現在從船上看來就像綑綁在一起的木堆般，屋舍和人群就如同孩童的玩具一般大小。

風起時，眾多的船夫吆喝著規律的響聲，擺動著似蛇般柔軟的軀體，牽拉著粗大的草繩，將三張巨大的布帆緩緩拉升；吃著飽含濕氣季節風的布帆，慢

慢地將巨大的船身駛離原本的停泊地，達摩望著逐漸遠離的陸地，不禁想著，總算將自己投入另一個陌生的世界，遠離愈來愈紛爭的家鄉。

「啓程吧！」達摩立在船尾對著遙遠的陸地說著。

＊　＊　＊

船上的生活有些單調乏味，不過對不曾如此遠行的達摩而言，船上的生活和所見所聞都在在令他感到新鮮。

此次航行中，帆船所屬的船東也隨行遠航，準備到中國採購絲綢、藥材等貨物。當他知道達摩也搭乘這艘船時，就馬上來到達摩所住的大統艙內，恭恭敬敬地請達摩移至他個人所屬的艙房，並且派了一個小侍童專門服侍他。達摩雖然百般拒絕，可是在小舢舨上的男孩，還是被派至達摩的艙房，爲他送飯、洗衣。

在船上，達摩一有空就和男孩聊天。於是，他明瞭男孩亦是第一次搭船出國，為的是要賺取龐大的結婚費用。他有一個青梅竹馬的女朋友，卻一直無法籌集到對方認可的結婚費用。所以，當他聽到出一趟船的時間，就能賺取足夠的金錢來付給女方，馬上就迫不及待地前來，也顧不得出航存在著不可預知的危險。

從聊天之中，達摩發現男孩頗有慧根，對於他的話亦能夠有所領悟，這也幫忙達摩排遣了許多時光。

隨著離開天竺愈遠，達摩發現男孩時常站在船尾，望著船隻行過的水跡。他知道男孩在思念著故鄉的情人，這種男女之間的情執，看在達摩的眼裡是了然於心，而船卻無情地愈行愈遠。

當他們在經過幾個異國補給點上，補給了飲水和食物後，船隻已經逐漸地接近中國。船長此刻的心情也逐漸地放鬆些，有時和船東過來聽達摩開示佛法時，亦露出虔誠的表情。

有一天，天空突然地暗黑了起來，海浪也瞬間洶湧起來。達摩未曾見過的凶猛海風，像要撕裂整艘船似的，狂暴地吹著。

這時候，船長的神情顯得十分慌亂，大部分的老水手們也戰戰兢兢地固守著自己的崗位。船東十分緊張地躲回自己的艙房中，從艙房裡不時傳出誦念佛號的聲音。而船長這時來到了達摩的身邊，對達摩說：「法師，對不住，我必須將您的侍童帶開。」

達摩原本想，大概是船長有要事，需要男孩幫忙，當然立即答應。

但是，不久卻看見一群水手正準備將男孩綁在桅杆上。達摩看見情況不對勁，便來到船長身邊，問道：「船長，你爲什麼要將他綁在桅杆上呢？」

船長回答：「法師，您有所不知。我們現在碰到的是中國人稱作颱風的災難，他們躲避的方法，就是將一位童男綁在桅杆上，然後虔誠地祈求颱風神放過我們。

「我們國度的人原本不相信這種說法，可是說也奇怪，我曾多次碰上颱風，未脫困的船隻上，就不曾以童男綁在桅杆上，而綁上童男的船隻卻能夠脫離險境。

「這次，因爲船東也要東行，爲了安全起見，我們才雇用這位男孩，原本

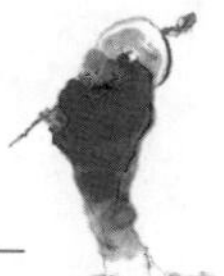

的用意就是預防萬一。所以請法師不用擔心，現在我們應該可以平安地脫險。」

聽完船長的解釋，達摩才恍然大悟。可是，他看見男孩赤裸地被綁在桅杆上，一臉茫然無助的驚慌神情，心中的悲憫之情不由得燃起。

他問船長：「船長，雖然入境隨俗，中國的風俗是這樣，船上的人也指望能夠因此而躲避這一場災難，可是，是不是一定要童男才行呢？就我所知，這位男孩並不是童男啊！」

聽到達摩的話，只見船長急得直跳腳，周遭的水手頓時也浮現了悲觀失望的表情，有些人甚至衝動地想衝上去將男孩痛揍一頓。

達摩又說：「這樣吧！如果船上再也沒有童男的話，我就是一位。各位就將我綁上桅杆上，讓佛陀帶領著大家躲避這場災難。」

於是，達摩來到男孩的身旁，將原本綁在他身上的繩索解開，然後將自己緊緊地綑綁在桅杆頂上。包括船長在內的眾多水手，眼見達摩這種犧牲自己的精神，都十分受到感動。船長更是提起精神，賣力地指揮水手們操縱著帆槳。

猛烈的颱風帶來了巨大的雨勢，豆般大小的雨滴傾盆而下。達摩倚靠在粗大的桅杆上，望著模糊的身影不斷地在他身邊急跑著，雄壯的吆喝聲此起彼落響起，船長甚至將自己綁在舵槳上，對達摩說：「法師，我決定與您共存亡。」

船上的士氣在這個時候達到了頂點，達摩看見在這寒冷的氣溫下，一陣陣雨滴滴在身體上所蒸散出來的熱氣，瀰漫著整艘船。

風勢逐漸地加大，而雨勢也更行凶猛，天空中的烏雲幻化成各式各樣殘暴的巨獸，不時撲身而下，彷彿要噬掉這艘漂泊在大海中的小帆船似的。突然之間，一陣高過船身的巨浪撲上船來，凶猛的力量將達摩擊昏而不省人事。

等到達摩醒來時，船艙內的陽光已經非常地刺眼。達摩嘴裡嘟囔著：「水！水！」這時，馬上有一個陶碗靠近他的嘴邊。在喝下了幾口水之後，達摩才完全地清醒過來，一抬頭就看見男孩滿臉愧疚地跪在他的身旁，達摩笑著摸著他的頭，又沉沉地睡著。

07

河南嵩山少林寺

達摩祖師來到中國時，一說是梁武帝普通元年（西元五二〇年），從當時的番禺（今廣州）登陸。

當時是中國歷史上的南北朝時代，南朝的皇帝梁武帝是一位十分崇信佛法的皇帝，因此也帶動了當時的社會風氣。

由於皇帝本身吃齋念佛、廣建佛寺、禮遇佛教法師、崇敬僧人刻印佛典，因此許多人也學習皇帝的作爲，尤其是在朝爲官或在地方上做首長的，莫不希望能藉由信仰佛法而得到皇帝的認同，進而達到陞官發財的機會。

因此，當達摩到達廣州的消息一傳到廣州刺史蕭昂的耳裡時，他馬上派侍衛將大師接到府第。

在與達摩祖師面談過後，蕭昂深感大師的學問淵博，而且談吐之間散發出令人心曠神怡的氣息。後來又輾轉從船東得知，達摩不僅是印度的一代佛教大師，更是南天竺國國王的叔父，蕭昂不僅比以往更細心地照料達摩，並派人以最快的速度呈報在建康（今南京）的梁武帝。

這時，在廣州城內受到廣州刺史招待的達摩祖師，發現蕭昂雖然對於佛典

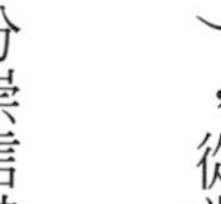

有著相當程度的見解，但這不過是爲了奉迎在朝的當權者罷了。而佛法的興盛亦和天竺境內的情形一般，充斥著相違背的觀念。

達摩亦發現一般人民雖然生活困苦，求法的心卻異常堅定。看到虔誠的人民不斷地身體力行、實踐佛法，他覺得自己來到中國的決定並沒有錯。

梁武帝召見的國書很快地來到了廣州刺史府第。蕭昂高興得彷彿就要坐上宰相位子一般，以極興奮的語氣宣讀了詔書，宣布武帝將以國師之禮，迎接大師的到來。達摩祖師平靜地接過詔書，以一貫的平常心接受這種禮遇，然後整理行囊，隨著蕭昂上京城建康。

終於，達摩於普通八年（西元五二七年）的十一月初一，這個蕭昂刺史精心算出的良辰吉日，來到了京城建康。梁武帝爲了表示自己對達摩祖師的敬意，派遣了以太子爲首的歡迎團在城外恭迎，另外也準備一座十分豪華的居舍供給大師使用。

當天夜裡，梁武帝在宮中爲達摩祖師舉辦了盛大的歡迎會。宴會當中，達摩發覺梁武帝十分沉迷輪迴之說，非常害怕再次墮入輪迴之中。

宴席結束之後，梁武帝以十分虔誠的語氣問達摩：「請問法師，朕建造了許多佛寺、傳令翻譯貴國的佛教經典、幫助許多有志於學習佛法的人剃度爲比丘及比丘尼；而且朕治理國事，政策都依照佛法的精神，這樣會有什麼功德呢？朕如果持續下去，是否可以成佛而免除輪迴之苦呢？」

達摩回答：「陛下以上的所作所爲，並沒有功德可言。」

梁武帝頗不以爲然地追問：「爲何一點功德也沒有呢？」

達摩答道：「陛下這些舉動只不過是人天小果❶、有漏之因❷罷了，就好像影子是人體的一部分，卻又不屬於人體。它只是隨著形體的移動而移動，雖然可以很清楚地看見，卻沒有人會把它視同爲實體。因此，陛下的所作所爲並沒有功德可言。」

梁武帝接著又問：「那怎樣才算是眞正的功德呢？」

達摩回答：「不爲求功德而布施、修行、奉獻。陛下若能夠達到這樣的境界，就能得到眞正的功德。」

梁武帝這時開始覺得不耐煩，甚至懷疑眼前這個人是蕭昂爲了調回京城，

隨便在碼頭上找了來，假冒得道高僧的。因此就問：「那麼佛陀所傳的法中，什麼是第一聖諦❸？」

達摩簡潔地答道：「根本沒有所謂的聖。」

梁武帝惱羞成怒，憤然問道：「法師，您總該知道站在您面前的人是誰吧？」

達摩回答：「不認識。」

俗話說：「話不投機半句多。」梁武帝和達摩祖師初次見面，達摩就看出梁武帝太過於執著自我，沉迷於成佛的幻夢之中，並不是眞正清楚佛法的本義，也不是一位會爲百姓謀求利益的君王，於是一場盛宴便不歡而散。對梁武帝來說，這也許是不歡而散，但對達摩來說，這不過是他往下一站前進，尋找他眞正傳法道場的開始。

＊　＊　＊

離開皇宮後，達摩沿著長江西行，一路默默地瀏覽中國的山水風光與風俗民情。

在路途上，他時常聽到跋陀三藏的名字，也常常遇見要去少林寺聽跋陀三藏法師講經說法的僧俗徒眾。於是，他興起了前往少林寺探訪跋陀三藏的念頭。

來到浩浩蕩蕩的江邊，達摩只見江水滔滔，卻尋不到渡江的舟子。原來，由於南北朝正激烈地交戰中，以長江為界的各方人馬，都布置了嚴厲的哨站監視雙方。也因爲如此，達摩對那些冒險過江聽聞佛法的人們更是敬佩有加。

雖然江邊沒有擺渡的舟子，對達摩來說卻一點都不困擾，因爲他在天竺時就經常有機會親手造船，練就了一雙巧手，可以將隨手可得的蘆葦、枯枝等編成輕巧的小船。划著自己親手造的草船渡江，這就是達摩祖師「一葦渡江」傳說的由來。

他渡過長江之後，走了好遠的路途，終於來到了河南嵩山少林寺。

北魏太和十九年（西元四九五年），孝文帝爲了迎請天竺僧人跋陀三藏來

灑脫

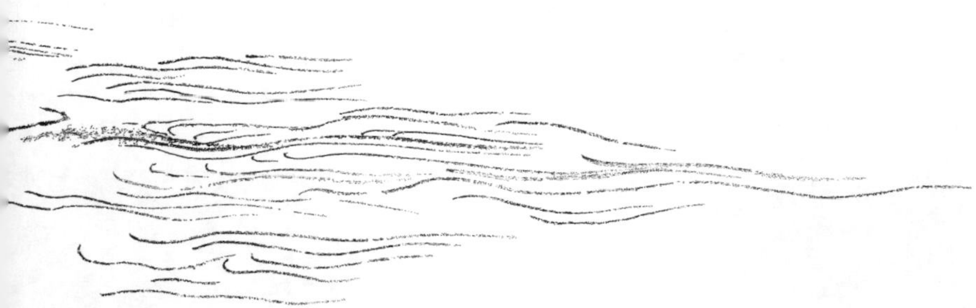

中國傳法，在少室山下建造了一座佛寺，即爲少林寺。

少林寺建成後沒幾年，達摩祖師亦相隨來到此處，就在這兒，他開創禪宗，將禪法流傳於中國。

少林寺從創建之初，就保持自給自足的風氣；而所有的寺僧在工作和修習佛法之外，也必須學習武藝健身、自衛。所以，達摩祖師很安心地留在少林寺。

達摩抵達少林寺後不久，就拿起一塊蒲團，尋找一面牆壁就坐下來安詳地打坐了。跋陀三藏法師聽見徒弟說有這樣一個怪人，心中十分好奇，隨著寺僧出來一見，才驚喜地發現這位久違的道友。

跋陀三藏露出孩子似的純眞笑容，高興地說：「阿彌陀佛！歡迎尊者來到中國。」

這時，原本閉目冥思的達摩祖師緩緩睜開雙眼，露出慈祥親切卻又威儀嚴整的眼神，一句話都沒說，只是微微一笑。跋陀三藏法師立刻心領神會，也報

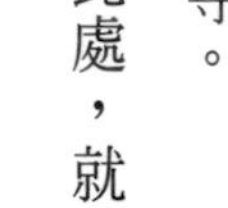

面壁

以了解的笑容。他吩咐徒眾隨時照顧尊者的需要，然後就安靜地走了。這，就是達摩祖師九年面壁的開始。

在面壁的初期，達摩偶爾想起往事。他發覺自己現在的境遇，和當年般若多羅尊者十分類似，連般若多羅尊者在南天竺國王宮的遭遇，都和自己在梁武帝的宮殿上雷同。

可是，般若多羅尊者將禪法的衣缽傳給自己，自己也須在中國找到法脈的傳承者，在廣大的土地上播下禪法的種子。這一切的因緣，眞是不可思、不可議。

達摩祖師這樣的舉動，很快地就吸引許多人的注意。他的事蹟逐漸地就傳遍了整個中國，大家都知道他正在少林寺苦修，然而他們不知道的是，這位大師在等待著有緣人來傳承他所傳的法。

❖註釋❖

❶人天小果：轉生人界或天界的果報，並不能真正斷煩惱、得解脫。

❷有漏之因：「有漏」即煩惱的意思。所作所為若不能使你的煩惱完全消滅，從苦海中跳脫，即為有漏之因。

❸第一聖諦：佛法中最深妙、究竟的根本道理，也就是宇宙人生的真諦。

08

斷臂求法的慧可

在面壁的第九年後，終於有一位法號神光的和尚，來到了少林寺。

神光和尚原本是在洛陽城中，一位以擅長辯論而聞名的法師。跟他辯論的對手，時常會掉入他的陷阱之中，最後只得知難而退。雖然他常常辯贏，可是內心並不以此自滿，相反的，他對這種勝利感到異常空虛，甚至在夜深人靜時，常常被惡夢所驚醒。

爲了尋找一個能解答一切疑惑的眞理，他苦心打聽有道高僧的消息，最後，終於找到了人間至聖的一代宗師——達摩祖師。

當他下定決心來到少林寺時，時序正進入霜凍水寒的隆冬季節。神光來到達摩祖師面壁的地方，虔誠地向達摩頂禮，並且將自己的來意清清楚楚地告予達摩知曉。但達摩只是默默地看著眼前的那一片牆，對於神光的話語聽而不聞。

神光看見達摩祖師不理會他的舉止，感到十分灰心。原本也想要起身離去，突然悟起自己讀過的佛典曾記載，古人求法，有的敲骨取髓，有的刺血濟渴或布髮掩泥、投崖飼虎，佛陀也曾割肉餵鷹。

有艱辛的過程，方能證得無上佛法，自己僅因無人搭理就想離開，這樣的舉動怎麼能得到佛法的眞義呢？於是，神光就跪伏在達摩的身後，靜靜地默誦著佛經。

那一夜，少室山下了難得一見的大風雪，雪花迅速地落下，先是在神光的衣裳和面容上輕輕地覆蓋上一層，然後慢慢地在其身體四周堆積，最後掩埋了他的腳踝。但是，面壁於廊道上的達摩卻像是沒有注意到一般，依舊如如不動地坐著。

神光依然跪伏在達摩祖師身後的大院上，嘴裡細聲地誦讀著佛典，任由雪花慢慢地將他掩埋。大自然絲毫不留情面地颳大風雪加以肆虐，雪花由神光的腳踝繼續往上堆積，逐漸地掩近膝蓋，轉眼間他的下半身已掩沒在雪堆裡。

這個時候，達摩才像是從大夢初醒般甦醒過來，注意到跪伏在他身後的神光。其實從神光一早來到少林寺的時候，達摩就已經注意到他，只是怕這不過又是一個好奇的人。

在聽神光敍述的過程裡，達摩似乎已經認定他是一位有緣人，只是如果留然答應，就無法深刻地認識神光的無比決心。因此，一直等到大風雪的考驗之後，面壁達九年之久的達摩，這時才肯定神光一心學法的決心而第一次開口說話。

「你跪在雪裡這麼久，難道不怕冷嗎？」達摩以慈祥的語氣問著。

神光一聽到達摩叫喚的聲音，雖然未曾看到他回過身來，依舊以十分興奮地聲調說：「大師，我想拜在您的門下修習佛法。」

達摩祖師回答：「你要學習怎樣的佛法呢？」

神光聽到達摩的問題時，內心不斷地想起在這亂世中黎民百姓的紊亂生活。於是回答：「唯願有大慈大悲的佛法，引領百姓大開甘露之門，廣度眾生。」

達摩祖師回答：「你的願心太過於龐大，這些豈是小德小智、輕心慢心所能求取的。你如果一直都這樣去求取聖道，到頭來只是枉費心機罷了！」

神光聽到達摩祖師的話，心想自己絕不是枉費心機，而是實實在在地想爲老百姓解脫煩惱。爲了表明自己的心跡，表示自己絕不是小德小智，也絕非輕

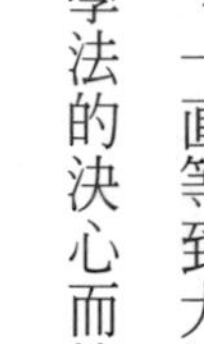

心慢心，毅然以利刀將自己的左臂砍了下來，放在達摩的身後。

這時，達摩祖師總算轉過身來，對神光說：「佛法妙道，曠劫難逢。像你這樣重法忘身，斷臂在我的面前，如此就可以求得。」

神光這時才高興地說：「承蒙大師許可入門，請求大師賜名。」於是，達摩祖師就將「慧可」這個名字賜給了神光。

這時，慧可才以白雪冷凍斷臂，再用衣襬的下緣粗略地包紮。接著，以愉悅的神情問說：「諸佛法印❶，究竟是什麼？請大師爲我開示。」

「諸佛法印，並不是經由他人就能獲得的，必須從自己的內心求得。」達摩如此回答慧可。

慧可又問：「古代有人曾經說過，安而後能慮，慮而後能得。可是大師，我的心卻不曾安寧過，一直都在爲戰亂中的百姓擔憂害怕。恐懼使我夜裡睡不著覺，白天更無法專心學法，內心始終不安。因此，我從來都無法眞正地從內心之中求得佛法。」

達摩祖師這時對慧可說：「喝！你的心不安，所以影響你對佛法的追求

嗎？那好，只要你能夠將心拿出來的話，我自然就有辦法替你安心。」

慧可一聽到達摩要替他安心的話，心中不由得高興起來。可是一聽到要自己將心拿出來時，又不禁楞了一下。心？心在哪兒？要如何拿出來？慧可內心起了人天交戰，不覺汗如雨下。修行這麼多年，竟然連心在哪兒都不知道，他感到一陣寒意襲身而來，不覺一陣冷顫。

這個時候，達摩大聲地吆喝：「慧可！」

慧可一驚，望著達摩祖師嚴肅凝斂的表情，頓時從內心重重的虛幻妄想中覺醒。此時，達摩以慈祥的語氣說：「我已經將你的心安頓好了。」

慧可聽到達摩祖師的話，突然覺得有一股說不上的暖流生起。在感恩與悔恨的心情中，向達摩祖師深深地頂禮❷一拜。所有的昨非今是，一切全拋在腦後，彷彿浴火鳳凰重生一般，踏上一個全新的修行旅程。

達摩祖師收了慧可的消息傳出之後，許多原本佩服神光和尚的信徒，也陸續來到少林寺，一樣地對達摩行師禮。另外，也有許多的修行者，來到少林寺要求拜在大師的門下。達摩祖師一如往例，對每個修行者做了考驗之後，陸續有了道副、總持、道育等人參悟了佛法，而拜在他的門下。

❖註釋❖

❶法印：一種能印證佛法真偽的標準。

❷頂禮：以頭頂地的行禮方式，是為表達最崇高的尊崇與感恩。

09
衣缽傳承

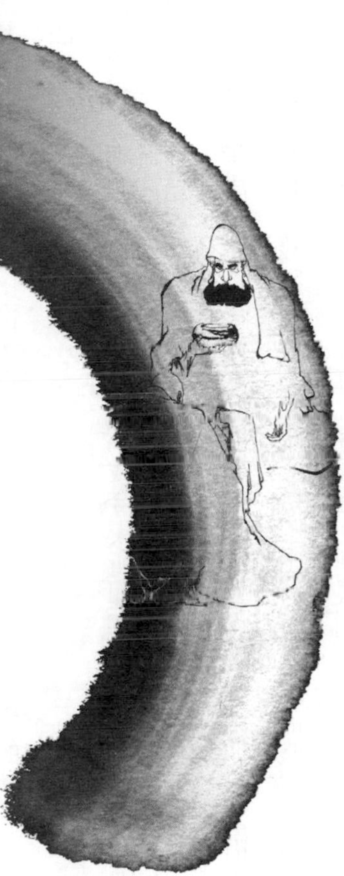

有一天，達摩祖師覺得自己的身體狀況，已經無法再負荷繁重的修行，即將入滅，於是就召集了四位門徒：「我已經感覺到離別的日子就快要來臨了，我所學的佛法也都傳授給你們了，雖然入門有先後，可是對佛法的領悟卻是沒有分別。今天趁著這個機會，你們不妨談談這些年來對佛法的領悟。」

道副是四人中最晚入門的，可是卻搶先回答：「就我對佛法的認識，我認爲佛法應該不要執著在文字上面，但是卻又不離開文字，文字的功用是爲了方便宣揚佛法。」

總持尼聽到道副的回答，接著說：「我今天所理解的佛法，就好像阿難尊者遇見阿閦佛國，一見更不再見。」

道育較先前的道副及總持尼先入師門，此時才慢慢地說出他的領悟：「四大❶皆空，五蘊❷非有。我所理解的佛法，是不應該有任何依據的，因爲只要有了言語論斷，我們修行佛法的心意就會因此受到限制。」

達摩對尚未回答的慧可點了點頭說：「慧可，你不妨也談一談你的見解吧！」

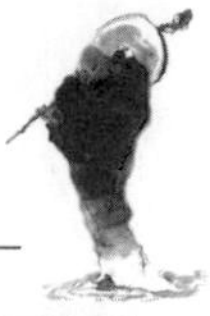

這個時候，只見慧可不慌不忙地走到達摩的座前頂禮，就又退到原來的地方站立著。

山頂的微風靜靜地吹著，慧可斷臂的衣袖，在冷冽的風中，優美地飄逸起來。

這時候道育恍然大悟，明瞭自己的體悟，雖然已經將佛法的基本精神說出，卻不如慧可所體悟的——拈花微笑的禪之精神般深刻。

達摩看著四位弟子，對他們清晰地表達心中的想法，內心生起了一種不悔來到中國的感覺，他知道，佛陀的思想將會流傳千古，造福百姓。

這時道副卻說：「大師，不知道您對我們的話有何評論？」

達摩笑笑地說：「道副，你所談的已經學習到我的皮毛了。」道副才知道自己對佛法的認知，的確是不夠深刻。

總持尼這時也恭敬地問達摩：「大師，那您覺得我對佛法的認知已經學到您的幾分？」

達摩說：「你已經學到我的血肉了。」

達摩繼續說道：「道育，你可說是學習到佛法的骨髓了。」

只見道育慚愧地低下頭去，對著達摩祖師頂禮一拜。達摩也對他笑了一笑，然後對道副和總持尼說：「不過，慧可倒是學到了佛法的精髓。」

夜深了，山頂的風逐漸地森寒起來。可是，立足在山頂的達摩師徒們，卻感覺到一股溫暖的氣息，將他們緊緊地包圍著。

回到少林寺內，慧可等人服侍著達摩休息，這個時候，達摩對慧可說：「慧可，我還有話對你說，你先留下來。」於是，道育等人就先行離去。

達摩祖師說：「佛陀早年以正眼法藏付囑摩訶迦葉，在天竺輾轉相傳至我。現在，我便將正法付囑於你，你必須好好地傳下去，不要令它斷絕了。」

達摩說完這些話後，就取出他從天竺帶來的一件袈裟和一個鉢，鄭重地授予慧可：「爲了讓後世的人對禪法的傳承有所依恃，現在我將這一襲袈裟和這個鉢交給你，做爲我傳法的證據。」

慧可畢恭畢敬地來到達摩祖師的跟前，先是頂禮一拜，然後接過袈裟和鉢，默默無語退回原來的位子。

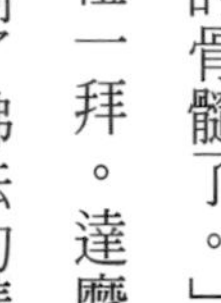

達摩欣慰地看著慧可：「當我去世兩百年之後，衣缽便可止而不傳。因爲那個時候，佛法已經大盛，不需要傳授衣缽，人們也會相信無疑。不過，那時知道佛法的人多，而實行佛法的人少；說佛法的人多，而悟佛法的人少。可是潛符密證，千萬有餘，你還是要勉力而爲，千萬不可輕視那些執迷不悟的人。」

達摩祖師見慧可凝聽專注的表情，於是就拿出一部《楞伽經》❸授予他，並說：「慧可，這四卷《楞伽經》是佛陀的最高法要，可以裡面的道理開悟世人，現在就一併交給你。『吾本來茲土，傳法度迷情，一花開五葉，結果自然成。』你好好想想爲師的最後偈語吧！」

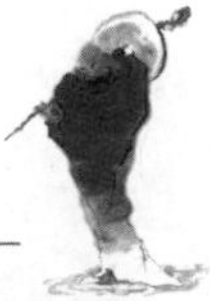

❖註釋❖

❶四大：指地、水、火、風，即構成世界萬物，包括生命軀體的四種元素。

❷五蘊：又稱五聚，指色、受、想、行、識，為構成生命存在的五種作用。

❸《楞伽經》：全名《楞伽阿跋多羅寶經》，楞伽是寶山的意思，為佛陀入楞伽山所說的寶經。

10 一隻草鞋

達摩祖師傳授衣缽之後，便興起了返鄉的念頭，可是他的身體狀況，實在無法負荷長程的旅途奔波。尤其在慧可心中，大師傳授他衣缽，不正表明他的身體狀況已經一日不如一日，因此他執意的要求，十分困惱著四位弟子。可是達摩的意願，弟子們又無法違背，於是只得陪伴著他西行。

達摩師徒五人來到禹門（今龍門，相傳是大禹古時爲紓解洪水所鑿，位在今山西河津與陝西韓城之間）的千聖寺。

在千聖寺內，達摩祖師遇到前來求法的當地太守楊衒之。楊衒之是一位虔誠的佛教徒，他聽說達摩師徒等人離開少林寺西來，可能會在禹門通過黃河，早早地就來到千聖寺等待。

經過了長途跋涉，達摩的神情有些疲憊，對跪伏著的楊衒之並沒有回應。楊衒之問說：「西土五天竺，代代相傳而代代爲祖，這樣的道法究竟是什麼？」

達摩祖師以虛弱的聲音回答：「西土五天竺的佛法，大都是明佛心宗罷了。學習佛法的道理，不過是信、解、行、證這四個階段，由信而解，由解而

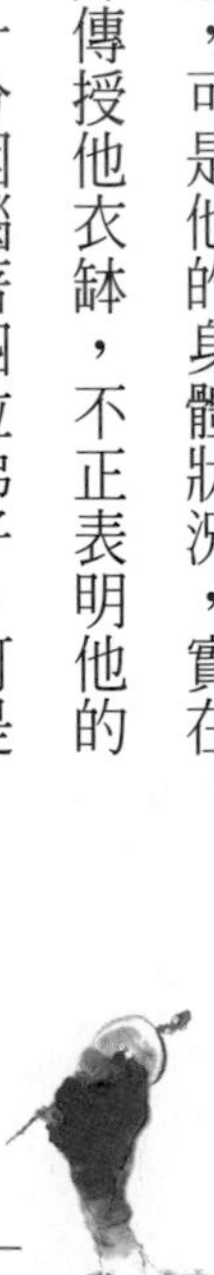

行，然後師徒之間以心印心，就是證了。」

楊衒之想了一想，覺得這個道理太簡單了，又問：「請大師說法吧！那怎樣才能成爲祖師呢？」

達摩祖師於是又繼續說：「不賢不愚，無迷無悟，假若能做到這個境界，便是祖師了。」

楊衒之聽到大師的回答後，又說：「弟子身處俗世間，很少遇見善知識。自己又過於愚昧，更被俗塵雜事所矇蔽，不能眞正地理解佛法。在這裡，我虔心地乞求大師開示，使弟子的心能有遵循的方向，進而接近佛法。」

達摩看見楊衒之的求法意志堅定，於是對他說：「楊居士，不要因爲看見了惡行，便產生了嫌棄的心理；不要因爲看見了善行，就產生了想要比較的心理。做人處世不要只接近賢能的人，而捨棄那些愚笨的人；也不要還沒有拋棄迷惘，就想要達到悟道的階段。如果能以這樣的心去面對眾生，也就可以成爲一代宗師。」

楊衒之聽完法語，很高興地對達摩祖師頂禮：「謝謝大師的教誨。大師的

說法，實在可以爲眾生造福不少，希望大師增年益壽，長久爲世人造福。」

可是楊衒之的祝福並沒有達成，來到禹門的達摩，身體已經無法再度西行。過了不久，就在千聖寺中坐化了。

弟子們將屍身葬在熊耳山上，北朝的東魏孝靜帝敕旨建造了一所定林寺，用來紀念未曾奉召的達摩祖師。而梁武帝在聽到達摩圓寂的消息之後，也命昭明太子撰寫了一篇文告讚揚達摩祖師的行誼。

達摩祖師圓寂之後，卻發生了一件怪事。

原來有一位東魏派遣至西域的使者，名叫宋雲的人，在返國路經蔥嶺時，遇見過達摩。宋雲曾經在少林寺見過達摩，所以認得他。

他看見達摩祖師手裡拿著一隻鞋子，一個人踽踽而行，就問達摩說：「大師，您一個人要去哪裡？」

達摩祖師簡單地回答說：「我要回西天去了。」

宋雲心想，天竺在中國的意思可以說是西天，以爲達摩祖師是要回故鄉，兩個人就這樣分手了。

等到他路過禹門，聽到達摩祖師圓寂的消息時，才知道祖師是要回西天歸羅漢❶位。

北朝的東魏孝靜帝聽到這個消息後，派人掘開達摩祖師的墓塋，只發現一隻草鞋。這個故事爲達摩祖師在中國的行跡，留下更神祕的色彩。

❖註釋❖

❶羅漢：又稱阿羅漢，為小乘佛教中最高果位，此時已盡斷煩惱，不再輪迴。

佛學視窗

- 時代背景
- 達摩祖師教導禪修的方法
- 達摩祖師的貢獻
- 印度禪宗法系略圖
- 中國禪宗法系略圖
- 達摩祖師年表

時代背景

達摩祖師的生卒年代，儘管傳記中沒有明顯的說明，然而，史料記載達摩祖師最初抵達中國，是在梁武帝時代，後來則過江到達北魏，曾在江南一帶長期逗留；此外，達摩曾讚歎永寧大寺（建於熙平元年（西元五一六年），於永熙三年（西元五三四年）被雷火所毀）。當時他曾自云「一百五十歲」；再從他的弟子慧可的行跡來考證，達摩圓寂應該是在西元五三〇年左右。

南北朝時代

達摩祖師抵達中國，是在南北朝時代。南朝，是指宋、齊、梁、陳四朝，它們都建國於南方，並建都於建康；從宋武帝取代晉國（西元四二〇年）起，一直到陳後主投降隋（西元五八九年）止，共一百七十年。而北朝，則包括北魏、北齊、北周和隋統一以前的一段時間。南北朝時的中國由於南北處於敵對狀態，所以時常發生戰爭；此外，當時的人口流動非常激烈，國界也不是很穩

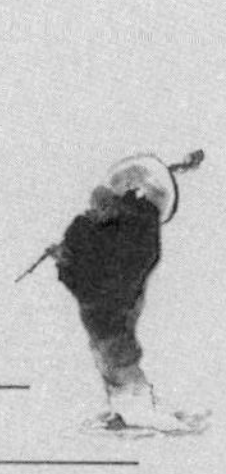

定。

南北朝的社會，有著嚴格的門第觀念與階級區分，大體來說，可分爲四個階層：上者爲士人，其次爲平民，再次爲部曲（寄生在大族豪門中的家丁或莊客），最下爲奴隸。士人階級又有世族與寒門的分別，世族是社會的最上層，也是政治權位的把持者。而貧富過度不均，更是南北朝最顯著的社會現象。田地山澤都集中在貴族階級的手中，他們的生活驕奢淫逸，住宅也是極盡宏麗豪華；而一般平民的生活則甚爲艱苦，不時有人餓倒或凍死路邊。政治上則是貪污成風，政事敗壞。但比較來說，由於北魏孝文帝曾實行「均田制」，北朝的風氣略爲簡樸，政治也較上軌道。

佛教概況

當時南朝的佛教相當興盛，不少君主都是佛教徒，如宋明帝、齊明帝、梁武帝等。而北朝方面：北魏自從道武帝入主中原，便開始信佛，並建築寺院。到了太武帝，因改信道教，並懷疑沙門謀反，而有滅佛的舉動。到了文成帝，又恢復佛教。此後獻文、孝文、宣武諸帝，沒有不信奉佛教的；北齊的幾位君主大體上都信佛；北周傳到武帝時，又有大規模滅佛的舉動。總計武帝當時的寺院被充公者有四萬多所，被迫還俗的僧尼更超過三百萬人。

至於當時士大夫和平民信佛的，極爲普遍；寺院的建立，更是不論南朝北朝都相當盛行。歷史記載在梁武帝當政時，僅僅建康一帶就有佛寺五百餘所，僧尼十餘萬人。而到了北魏孝明帝晚年，寺院更多達三萬餘所，僧尼兩百多萬人。由於佛寺的興建，建築雕刻的技術也大爲進步。

當時的佛教宗派，主要可分爲：成實、淨土、三論、律、禪、天台等宗，其中除了成實宗爲小乘教義外，其餘皆屬大乘。南北朝的佛教雖然興盛，但當時的佛教大師多著重於佛經的翻譯和教義的傳播，宗派教理的基礎還不算穩固。

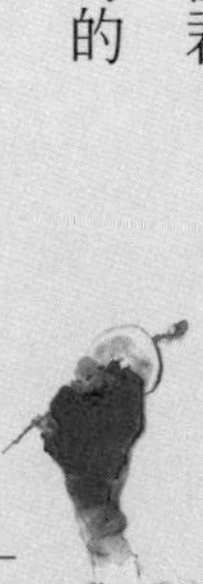

達摩祖師教導禪修的方法

達摩祖師所傳的禪法，是以《楞伽經》爲依據。以目前所知，由曇林記錄下來的〈二入四行論〉，是學者們公認最能代表達摩祖師眞正思想的作品。

二入四行

達摩祖師在〈二入四行論〉中，具體而明確地指出趣入菩提的道路與方法。他告訴我們，大乘道不外乎「二入」，二入是指理入與行入兩種修行方法。理入是領悟眞理，屬於教理的思維，是從領略或體會上悟入眞理，主要在要求我人捨棄虛僞、反璞歸眞，認識並解決問題；行入是眞正生活上的修行，屬於教法的實踐，是從實踐修行的層面來表達對眞理的體悟，主要是教人去掉一切的愛憎情欲，依佛教教義實踐。「二入」是禪法理論與實踐相結合的教義，「解行並重」是達摩祖師整個禪法的特色。

理入具體的作法就是「凝住壁觀」。歷史上有達摩祖師「面壁九年」的傳說，這種傳說很容易讓人以爲「壁觀」是「面壁靜坐」。實際上，「壁觀」是一種教人安心於道的方法，是比喻通過禪定的修行，使人祛除主觀的思維與認識，對外在的一切不起分別執著，使人的心就如同牆壁一般，不偏不倚。

至於行入的具體內容，達摩祖師提出了「四行」，即是四種實踐修行的方法，主要的項目是指報怨行、隨緣行、無所求行與稱法行。報怨行是告訴我們，對於日常生活中所遭遇到種種的不如意，應該「甘心忍受、都無怨訴」；隨緣行是勸誡我們應該「心無增減」，因爲一切的快樂、煩惱、名利、得失等都是由因緣所成，所以要隨遇而安；無所求行是提醒我們要知足，不要一再地向外索求並減少貪著；稱法行是期望我們與眞理相應，要我們本著自己體悟的境界，以超越的心態去教化眾生，並做到自他無礙，皆大歡喜。

以上前三行是對「怨憎會」（必須與不喜歡的人在一起）、「愛別離」（無法與心愛的人在一起）、「求不得」（想要的事物無法獲得）等苦的修行，其目的都是教人要抱持安順忍辱的人生觀。而最後一項「稱法行」則是要我們以無所得的方便去行菩薩道，並從利他中祛除自己的妄念執著。達摩祖師

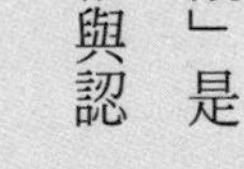

更特別強調：佛法不只是了悟道理就夠的，還要從生活中的實際事情與行爲上去反省，並消除我們無始以來的壞習慣，這才稱爲「修道」。

總之，達摩祖師教導我們，無論是個人或是佛教，都要著重人與人的和諧，悟道的人不是獨自躲在深山中自得其樂就可以了，還要了解三輪體空（布施時，能體會並達到施者、受者、施物三者的空性本質，摧毀執著與貪心）的道理，進而修行六度（布施、持戒、忍辱、精進、禪定、般若），利益世間。

達摩祖師傳說的發展與考據

達摩祖師早期的傳記，有楊衒之的《洛陽伽藍記》卷一（約西元五四七年所作）、曇林（約西元五八五年去世）的〈略辨大乘入道四行序〉、道宣（約西元六六七年去世）的《續高僧傳》卷一〈菩提達摩傳〉等。這些記載比較接近達摩祖師的時代，眞實性也比較高。

然而自從神會的《菩提達摩南宗定是非論》中曾引用〈禪經序〉來證明菩提達摩的傳承以後，菩提達摩在傳說中也被稱爲達摩多羅，這是因爲〈禪經序〉是達摩多羅所作。也因此，後來有不少人綜合而稱達摩祖師爲菩提達摩多羅。

有關達摩祖師早期的傳說，如《傳法寶記》說：達摩祖師六度被毒害，最後是受毒而示現入滅。《壇經》提到：梁武帝見達摩，問造寺度僧有無功德。這兩項傳說，可能多少有事實的依據。然而也有些故事，由於時間、空間的混亂與誤差，可以看出是有問題的。如《傳法寶記》講：宋雲從西域回來，在蔥嶺見到了達摩。達摩門人開棺一看，原來是空的。（宋雲去西域，是在神龜元年〔西元五一八年〕，並於正光元年〔西元五二〇年〕回來。那時達摩應該正在北魏傳禪法，尚未去世。）

後來，有關達摩故事的記載益發詳盡，它的眞實性也不得不令人懷疑。如《歷代法寶記》（屬荷澤宗）說：達摩祖師六度被菩提流支與光統三藏毒害；宋雲在蔥嶺見達摩手提一隻鞋子，弟子開棺只見一隻鞋；達摩示滅，葬在熊耳山，梁武帝造碑追弔。

此外，《歷代法寶記》又記載：達摩到達中國之前，先後派了二位弟

子——佛陀、耶舍前來，但受到擯逐。於是佛陀等來到廬山，見到慧遠大師，並翻譯了《禪門經》。這個故事，是影射佛陀跋陀羅的事。因為神會以為，菩提達摩就是〈禪經序〉中的達摩多羅。然而，佛陀跋陀羅來到中國，是在西元四一〇年時，當時他大約五十歲左右，而此時的達摩多羅最多不過三十歲，可見傳說佛陀跋陀羅是達摩的弟子，是為了證明禪法的傳承而附會的故事。

另外，有更明顯年代錯亂的故事，如《寶林傳》（屬洪州宗）提到：達摩是在梁大同二年（西元五三六年），也就是魏太和十九年（西元四九五年）去世，當時梁昭明太子曾作祭文，遙祭達摩大師。又說：過了三年，梁武帝聽說宋雲回來且見到達摩，這才為達摩造碑。我們知道，太和十九年，根本不是大同二年，而昭明太子早在大通三年（西元五三一年）去世了；宋雲回國，是在正光元年（西元五二〇年），這些記載與歷史根本不合。

達摩祖師的傳記，隨著禪法的發展而有了先後及派別上的不同。這是因為古代抄寫困難且流傳不易，而禪師的事蹟，起初都是由弟子或後人記錄而流傳出來，由於各家的記載、補充、修正與刪減並不完全相同；再加上聯想而來的附會，或爲了宗教目的而逐漸成立的新說，傳說漸漸愈來愈神奇與複雜了。因此，我們不能忽略傳說有附會、編造的成分，而將現有的作品認爲完全是眞實的。

達摩祖師的貢獻

達摩祖師爲中國禪宗公認的東土初祖。雖然他到中國來，對當時的中國佛教沒有立即引起廣大的影響，然而就像播下一顆種子一般，一天天茁壯繁衍。達摩祖師傳授禪法所代表的眞正意義，以及對中國佛教的深遠影響，是不容忽視的。

有關達摩祖師的弟子，依據曇林及《續高僧傳》的記載，僅有慧可、道育兩人，到了《歷代法寶記》中，又多了一位「總持尼」，並有「得我髓者慧可，得我骨者道育，得我肉者尼總持」的傳說，此三弟子的傳說亦傳入日本。此外，《寶林傳》在三人外，加「得吾血者偏道副」，而成四弟子說。

根據日本學者關口眞大的考證，代表達摩祖師思想的作品除了〈二入四行論〉外，尙有近年來在敦煌發現的《達摩禪師論》。至於傳說中爲達摩祖師所造的作品如：《達摩論》、《破相論》（又名《觀心論》）、《絕觀論》、〈信心銘〉、《悟性論》、《血脈論》等，根據考證，雖然都不是大師的作品，然而可看出達摩祖師在中國的名望（通常名望愈大附會的作品愈多）。此外，道藏有〈達摩大師住世留形內心妙用訣〉一卷，達摩被傳說爲長生不死的仙人。而世俗流傳的《達摩易筋經》、《達摩一掌金》等，更使大師成爲武俠小說、電影或電視劇中的武林人物。雖然這些都是盛名的累贅，然而也可看出達摩祖師的影響力。

印度禪宗法系略圖

釋迦牟尼—摩訶迦葉—阿難—商那和修—優波毱多—提多迦

彌遮迦—婆須蜜—佛陀難提—伏馱蜜多—脅尊者—富那夜奢

馬鳴大士—迦毘摩羅—龍樹尊者—迦那提婆—羅睺羅多—僧伽難提

伽耶舍多—鳩摩羅多—闍夜多—婆修盤頭—摩奴羅—鶴勒那

師子比丘—婆舍斯多—不如密多—般若多羅—菩提達摩

中國禪宗法系略圖

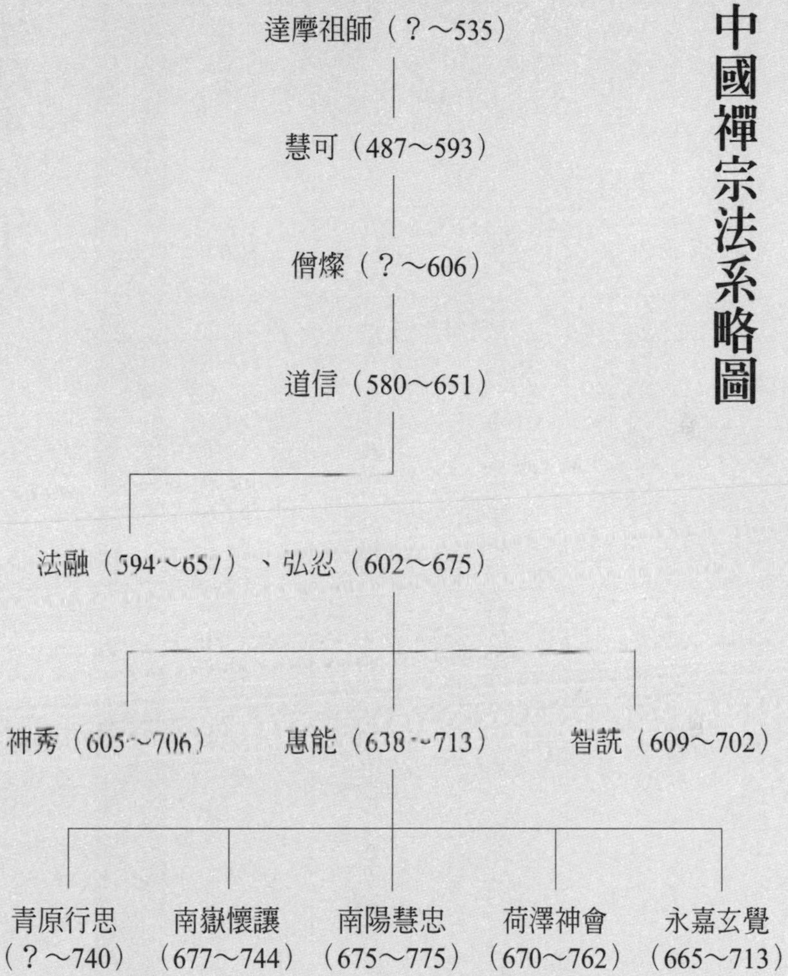
達摩祖師（？～535）
慧可（487～593）
僧燦（？～606）
道信（580～651）
法融（594～657）、弘忍（602～675）
神秀（605～706）
惠能（638～713）
智詵（609～702）
青原行思（？～740）
南嶽懷讓（677～744）
南陽慧忠（675～775）
荷澤神會（670～762）
永嘉玄覺（665～713）

達摩祖師年表

中國紀元	西元	達摩祖師記事	相關大事
梁武帝 普通元年	520	抵中國，於廣州登陸。是年十一月初一，由廣州刺史蕭昂引領謁見梁武帝。	
普通二年 ～ 中大通元年	521-534	渡江至少林寺面壁九年，將禪宗衣缽傳給二祖慧可。	梁武帝兩次捨身同泰寺。
大同元年	535	於禹門千聖寺坐化，葬於熊耳山。	
大同四年	538	相傳魏使宋雲度蔥嶺時，遇達摩攜隻履西歸。	

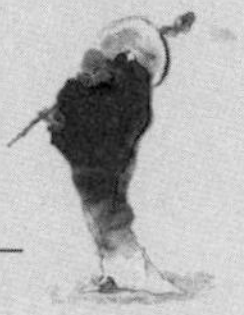

國家圖書館出版品預行編目資料

禪法東來：達摩祖師 / 蔡友田著；劉建志繪.
-- 二版. -- 臺北市：法鼓文化, 2010.06
面；　公分

ISBN 978-957-598-523-3（平裝）

224.515　　　　　　99007793

高僧小說系列精選 16

禪法東來——達摩祖師

法鼓文化

著者／蔡友田
繪者／劉建志
出版／法鼓文化
總監／釋果賢
總編輯／陳重光
編輯／李金瑛、李書儀
佛學視窗／朱秀容
封面設計／兩隻老虎廣告設計有限公司
內頁美編／小工
地址／臺北市北投區公館路186號5樓
電話／(02)2893-4646　傳真／(02)2896-0731
網址／http://www.ddc.com.tw
E-mail／market@ddc.com.tw
讀者服務專線／(02)2896-1600
初版一刷／1996年8月
二版二刷／2018年1月
建議售價／新臺幣160元
郵撥帳號／50013371
戶名／財團法人法鼓山文教基金會—法鼓文化
北美經銷處／紐約東初禪寺
Chan Meditation Center (New York, USA)
Tel／(718)592-6593　Fax／(718)592-0717